福建省社科研究基地福建江夏学院金融风险管理研究中心资助
福建省本科高校教育教学改革研究重大项目（项目编号：FBJG2...）

以产为教 知行合一
——金融类专业产教融合实践之路

Learning from Practice and Integrating Knowledge and Action
——the Path of Integrating Industry and Education in Finance Majors

■ 李杰辉 ／ 著

大连理工大学出版社

图书在版编目(CIP)数据

以产为教 知行合一：金融类专业产教融合实践之路 / 李杰辉著. -- 大连：大连理工大学出版社，2024.1(2024.3重印)
　　ISBN 978-7-5685-4625-6

Ⅰ.①以… Ⅱ.①李… Ⅲ.①高等学校－金融学－专业－产学合作－研究－中国 Ⅳ.①F830

中国国家版本馆 CIP 数据核字(2023)第 195596 号

YICHANWEIJIAO ZHIXINGHEYI
——JINRONGLEI ZHUANYE CHANJIAO RONGHE SHIJIAN ZHI LU

大连理工大学出版社出版

地址：大连市软件园路 80 号　邮政编码：116023
发行：0411-84708842　邮购：0411-84708943　传真：0411-84701466
E-mail：dutp@dutp.cn　URL：https://www.dutp.cn
大连朕鑫印刷物资有限公司印刷　　大连理工大学出版社发行

幅面尺寸：170mm×240mm	印张：11	字数：203 千字
2024 年 1 月第 1 版		2024 年 3 月第 2 次印刷
责任编辑：王晓历		责任校对：孙兴乐
封面设计：张　莹		

ISBN 978-7-5685-4625-6　　　　　　　　　定　价：38.00 元

本书如有印装质量问题，请与我社发行部联系更换。

前　言

　　教育是国家和党的重大事项,也是培养人才的基础和立德树人的根本任务。党的二十大报告指出,要坚持以人民为中心发展教育,构建高质量教育体系,发展素质教育,促进教育公平。同时,要统筹职业教育、高等教育、继续教育等资源,推动职普融通、产教融合、科教融汇,优化职业教育类型定位。加强基础学科、新兴学科、交叉学科建设,努力打造具有中国特色、世界一流的大学和优势学科。

　　在当前,备受人们关注的话题是"稳就业"。我国仍面临巨大的就业压力,2023 年,全国普通高校毕业生规模达到 1 158 万人。解决就业难题成为当今社会必须面对的痛点,需要拿出解决问题的真招、实策。党的二十大报告中提出,高校毕业生是宝贵的人才资源,也是社会就业群体中最具活力和创造力的群体。因此,促进高校毕业生就业成为落实就业优先政策的重中之重。

　　中央金融工作会议明确了"金融强国"的战略目标,并强调要坚持以人民为中心的价值取向,坚持把服务实体经济作为金融工作的根本宗旨。在新时代背景下,金融类专业产教融合作为提升教育质量和培养高素质人才的重要手段,得到了国家和各级政府的高度重视。适应金融业的发展需求,将产业与教育紧密结合,打造具有实践能力和创新精神的金融人才,成为社会关注的核心议题。

　　本书以此为背景,旨在系统探讨金融类专业产教融合的理论与实践,并以福建江夏学院金融类专业产教融合为典型案例进行深入分析。本书采用文献分析法、案例分析法、比较分析法等多种研究方法,从理论与实践相结合的角度,全面阐述了金融类专业产教融合的内涵、发展历程、现状与未来,并提出了相关建议和展望。

　　本书具有以下创新点:作为国内首部系统探讨金融类专业产教融合理论与实践的专著,填补了该领域的研究空白;以福建江夏学院金融类专业产教融合为典型案例进行深入分析,揭示了其成功经验和启示意义;在详细分析金融类专业产教融合现状与挑战的基础上,提出了一套完整的评价体系和持续发展策略,具有指导意义。此外,本书还对未来金融类专业产教融合的发展进行了前瞻性探讨。

　　全书共分为六章。第一章阐述了金融类专业产教融合的理论基础,包括产教融合的概念与发展历程、理论基础、与国家战略的关系,以及在现代金融背景下产教融合的价值及发展要点。第二章分析了新文科背景下应用型本科金融类专业产教融合的发展及挑战,从新文科背景概述与金融教育理念、课程体系调整与师资队伍建设、产教融合的机遇与挑战、发展策略等方面展开。第三章以福建江夏学院金融学院为例,详细介绍了其产教融合的实践案例,包括引入创新创业理念,构造"专业链""产业链""联盟链"的三链融合模式,形成教育闭环,并分析了其创新与成果,以及面临的挑战与前景。第四章探讨了金融类专业产教融合的质量评价与持续优化问题,构建了一个基于目标导向、参与主体、评价指标、评价方法和评价过程的评价体系,并提出了制度保障、管理保障、投入保障、信息保障和监督保障等质量监控与保障措施,以及深化校企合作、优化课程体系、创新金融教育模式、建设师资队伍、加强实践教学和促进区域协同等持续发展路径与策略。第五章论述了金融类专业"课程思政"建设与实践问题,阐明了金融类专业"课程思政"建设的重要性及其特点,分析了其建设过程中遇到的难点,并提出了完善顶层设计与制度保障、突出金融类专业"课程思政"建设的特色、提升"课程思政"的实践育人效果等建设路径的建议,并以《金融工程学》为例,展示了福建江夏学院金融学院"课程思政"建设的实践之路。第六章展望了金融类专业产教融合的未来趋势,从数字化与技术创新、个性化与多元化、国际化与一体化和政策支持与优化四个方面,分析了影响金融类专业产教融合发展的因素和机遇,并提出了相应的对策和建议。

  本书是 2020 年福建省本科高校教育教学改革研究重大项目"以产为教 知行合一——金融类专业产教融合实践之路"(项目编号:FBJG20200164)研究成果。

  在撰写本书的过程中,我深感金融教育产教融合之路任重道远,希望通过本书的阐述和探讨,为金融类专业教育的改革与发展提供有益的启示,激发更多教育工作者和产业界人士的思考与实践。在这个过程中,我也期待与广大读者共同探索,共同推动金融教育产教融合的不断发展,为培养新时代的金融人才贡献力量。

  最后,我要衷心感谢福建江夏学院金融学院的各位领导和同仁,以及兴业证券投资者教育基地、东兴证券、海通期货、宏源期货、福建星嘉合教育科技有限公司等合作单位的支持。同时也感谢为本书撰写、审阅、编辑和出版提供帮助的所有人员,是你们的辛勤付出,使这本书得以面世。我深知这本书可能还有缺失和不足之处,期待广大读者能够提出宝贵意见和建议,以助我不断进步,更好地服务金融教育事业。

著 者

2024 年 1 月

所有意见和建议请发往:dutpbk@163.com
欢迎访问高教数字化服务平台:https://www.dutp.cn/hep/
联系电话:0411-84708462 84708445

目 录

第一章 金融类专业产教融合的理论支撑与实践模式 …………………… 1
  第一节 产教融合的概念与发展历程 ……………………………………… 1
  第二节 产教融合的理论基础 ………………………………………………… 5
  第三节 产教融合与国家战略 ………………………………………………… 10
  第四节 国内外产教融合育人模式分析 …………………………………… 13
  第五节 现代金融背景下产教融合的挑战与对策 ……………………… 24

第二章 新文科背景下应用型本科金融类专业产教融合的发展及挑战 … 29
  第一节 新文科背景下应用型本科金融教育的定位与目标 ………… 29
  第二节 新文科背景下应用型本科金融类专业的课程与师资建设 … 32
  第三节 新文科背景下应用型本科金融类专业产教融合面临的挑战 … 39
  第四节 新文科背景下应用型本科金融类专业产教融合的实施策略 … 44

第三章 福建江夏学院金融学院产教融合实践案例分析 ………………… 53
  第一节 福建江夏学院金融学院的办学特色与产教融合背景 ……… 53
  第二节 福建江夏学院金融学院产教融合的实施路径与案例 ……… 55
  第三节 福建江夏学院金融学院产教融合创新与成果 ………………… 81
  第四节 福建江夏学院金融学院产教融合的挑战与前景 …………… 90

第四章 金融类专业产教融合的质量评价与持续优化 …………………… 96
  第一节 金融类专业产教融合的评价体系构建与实施 ………………… 96
  第二节 金融类专业产教融合的质量监控与保障措施 ……………… 107
  第三节 金融类专业产教融合的持续发展路径与策略 ……………… 113

第五章 产教融合背景下金融类专业"课程思政"建设与实践 ………… 118
  第一节 金融类专业"课程思政"建设的重要性及其特点 ………… 118
  第二节 金融类专业"课程思政"建设的难点 ………………………… 122
  第三节 金融类专业"课程思政"建设路径的建议 …………………… 126
  第四节 福建江夏学院金融学院"课程思政"建设与实践案例 …… 132

第六章　金融类专业产教融合的未来趋势与展望 ······ 145
　　第一节　数字化与技术创新 ······ 145
　　第二节　个性化与多元化 ······ 148
　　第三节　国际化与一体化 ······ 151
　　第四节　政策支持与优化 ······ 153

结束语 ······ 157

参考文献 ······ 159

附　录　金融类专业产教融合满意度问卷 ······ 163

第一章
金融类专业产教融合的理论支撑与实践模式

在现代金融领域的快速发展和不断变革中,金融类专业面临着人才培养质量提升、人才需求匹配、人才创新能力培养等诸多挑战。为适应国家战略和社会需求,金融类专业需要探索一种新型的人才培养模式,即产教融合。产教融合是指产业与教育的有机结合,以提高教育质量、增强学生就业能力,为国家战略和现代金融发展提供有力支持。本章从产教融合在金融类专业中的应用角度出发,围绕该主题,对产教融合的相关理论、基本原理、理论框架、国家战略的互动关系等方面进行了深入分析和研究。同时,还比较了国内外产教融合育人模式的特点和差异,并针对现代金融背景下产教融合面临的挑战和机遇提出了相应的对策和建议。本章旨在为后续章节中关于金融产教融合的深入发展和实践探讨奠定坚实的理论基础。

第一节　产教融合的概念与发展历程

一、产教融合的概念

产教融合是指产业与教育的有机结合,通过教育、产业和政府三方的协同创新,实现教育资源与产业资源的共享与互补,旨在培养适应行业发展需求的高素质技能型人才。其涉及多方主体,如企业、政府和院校等,通过不同形式和载体实现资源共享、协同育人、协同研究等目标。与产学研一体化不同,产教融合更加关注应用型人才培养和应用研究,其目的是实现教育系统和产业系统的良性互动,以推动教育、人的发展和经济社会发展的统一。

产教融合是指宏观层面的教育与产业的融合及微观层面的教育教学活动与生产活动的融合。具体包括以下几个方面:需求对接、资源共享、双向交流和协同创新。需求对接:通过产业需求来引导教育资源的配置,优化课程体系,培养符合产业发展需求的应用型人才;资源共享:实现教育资源和产业资源的共享与互补,提高资源利用效率;双向交流:促进校企双向交流,加强理论与实践的融合,提高教育的实效性;协同创新:鼓励产学研合作,推动产业技术创新与教育改革。

操作层面上,应用型高校深化产教融合需满足五大基本要求:调整学科专业设置以适应地方产业发展需求、侧重应用研究、加强实践教学、深入校企合作、建设"双师双能型"教师队伍。从大学的三大功能——人才培养、科学研究和社会服务来看,人才培养和科学研究是产教融合的内在表现和要求,社会服务是产教融合的外在效应。因此,在未来的发展中,高校需要加强对产教融合理念的认知,拓展与产业界的合作领域和方式,建立更完善的产教融合体系,并不断探索新的模式和方法,以满足经济社会发展对高素质人才的需求。

本书中提到的产业的定义和分类参照联合国修订的《所有经济活动的国际标准产业分类》(ISIC Rev4.0)和中国国家统计局修订的《国民经济行业分类》。

二、产教融合的发展历程

产教融合的发展历程在不同国家和地区有所差异,但大致可以分为以下四个阶段:

初级阶段:产业与教育各自为政,缺乏有效的对接与合作。在这个阶段,产业和教育领域相对独立,彼此之间缺少紧密的联系。产业发展主要侧重于经济增长,而教育则侧重于培养学生的基本素质和学术能力。由于政府、企业和学校之间缺乏有效的沟通和合作,导致人才培养与市场需求之间存在较大的脱节。

探索阶段:政府、企业和学校开始尝试合作,如进行一些零散的项目合作。在这个阶段,各方逐渐认识到产教融合的重要性,并开始尝试开展合作。政府出台相关政策,鼓励企业与学校建立联系,进行人才培养和技术研发等方面的合作。此时,产教合作项目仍然比较零散,没有形成完整的体系,但是已经为后续的发展奠定了基础。

成熟阶段:产教融合的合作模式逐渐成熟,政策体系完善,产教合作项目逐渐规模化。在这个阶段,政府、企业和学校的合作愈发密切,产教融合合作模式日益成熟。政府出台一系列优惠政策,支持产教融合项目的实施。企业和学校紧密合作,共同制定课程体系,改进人才培养模式,开展实践性和创新性项目。产教融合项目逐渐规模化,覆盖更多领域,有效地解决了人才培养与市场需求之间的矛盾。

深化阶段:产教融合理念深入人心,校企合作更加紧密,产教融合成为国家战略。在这个阶段,产教融合理念已经深入各领域,成为公认的人才培养和产业发展模式。政府将产教融合作为国家战略,对其给予更大的支持。校企合作更加紧密,实现了资源共享。

我国经历了产教结合、产教融合两个阶段。

(一)产教结合阶段

1996年,《中华人民共和国职业教育法》首次提出"产教结合"的概念,要求职业学校和职业培训机构实行产教结合,与企业密切联系,为本地区经济建设服务,培养实用人才和熟练劳动者。随着《国家中长期教育改革和发展规划纲要(2010—2020年)》的出台,我国开始积极推进产教融合,明确了实施产教结合的具体措施。职业教育办学模式改革试点以政府统筹、校企合作、集团化办学为重点,探索部门、行业、企业参与办学的机制;开展委托培养、定向培养、订单式培养试点;开展工学结合、弹性学制、模块化教学等试点。

在产教结合阶段,我国部分职业高中、中专、高职高专等学校组织与企业合作开展人才培养。大企业和企业集团开办职工大学、技工学校、技术技能培训班等,学校也兴办企业、开办工厂等,通过企业办校、校办企业等方式,在一定程度上实现了产教融合,是产教融合的雏形。这种模式将课堂理论教学和现场实景教学有机地结合起来,将理论与实践、产业与教学融为一体。

在国际范围内,产教结合的发展经历了类似的阶段。德国自19世纪开始实行职业教育体系中的双元制,即学校教育与企业实践相结合,以培养大量技能型人才,支持德国经济的发展。美国社区学院制度起源于20世纪初,为当地社区提供实用、职业化的教育,社区学院与当地企业紧密合作,共同制定课程,开展实践项目,确保教育与就业市场的紧密衔接。

(二)产教融合阶段

作为国家发展战略的一部分,政府、企业和学校之间的合作更加紧密,形成了全方位、多维度的产教融合模式。政府出台更为完善的政策支持体系,促进校企合作,推进产教深度融合。企业和学校之间的合作更加深入,从人才培养、技术研发到就业创业全方位覆盖。同时,产教融合也深入社会各领域,促进了教育、经济、社会的协同发展。

具体来说,2013年起,教育部开始推进部分地方普通本科院校向应用型本科院校转变,向职业教育转变,推动产教融合在应用型本科高校中迅速兴起。2015年,国务院发布了《中国制造2025》战略文件,提出鼓励企业与学校合作,深化产学研结合。同年,教育部发布《关于深化职业教育教学改革全面提高人才培养质量的若干意见》,提出"坚持产教融合、校企合作"的基本原则,并就如何推进产教深度融合给出了具体实施意见。2017年,国务院发布《国家教育事业发展"十三五"规划》,提出要把办学模式转到产教融合、校企合作上来。同年,国务院办公厅印发《关于深化产教融合的若干意见》,提出从政府、企业、学校三方的角度深化产教融合发展的要求及建议。2019年,国家发展改革委、教育部等6部门联合发布《关于印发国家产教融合建设试点实施方案的通知》,指出深化产教融合是推动教育优先发展、人才引领发展、产业创新发展、经济高质量发展相互贯通、相互协同、相互促进的战略性举措。2021年,国务院通过了《中华人民共和国职业教育法(修订草案)》,对产教融合和校企合作、支持社会力量举办职业学校、促进职业教育与普通教育学业成果融通互认等做了规定。

从历史的角度看,产教融合的发展历程在不同国家和地区都呈现出相似的阶段性特征。从初级阶段的产教结合,到成熟阶段的产教融合,各国政府、企业和学校都在不断探索合作模式,寻求更好的办法来满足不断变化的劳动力市场需求。这些成功的国际案例为我们提供了宝贵的经验,也为我们在未来推动产教融合发展提供了指导。

为了更好地适应产教融合的发展趋势,我们需要深入贯彻落实国家政策,创新合作模式,建立全方位、多层次、立体化的合作机制。政府在产教融合方面有着重要的引导和保障作用,需要持续增加对产教融合的政策支持和加大资源投入,为企业和学校提供更好的合作环境和资源支持。企业是产教融合的重要参与者和推动者,需要主动拓展与学校的合作渠道,根据市场需求和人才培养需要,提供更加优质的实践性和创新性项目,为学生提供更加实用的技能和知识。学校是产教融合的重要载体和实施者,需要不断完善产教融合的教育理念和实践,根据市场需求调整人才培养方案和课程设置,开展更加具有实践性的教育和培训。

第二节 产教融合的理论基础

一、产教融合的基本原理

产教融合的基本原理主要包括需求导向原理、资源共享原理、资源依赖理论、双向交流原理和协同创新原理等。以下分析各原理的核心内容和应用。

(一)需求导向原理

需求导向原理是产教融合中的核心原则之一,它强调以产业发展需求为导向,培养符合市场需求的应用型人才,为产业发展提供强大的人才支持。需求导向原理在产教融合中的应用主要体现在以下五个方面:

1. 课程设置与调整

需求导向原理要求教育机构密切关注产业发展趋势和市场需求变化,以此为基础调整课程设置和教学内容,确保教育教学与产业发展紧密结合,培养出能更好地适应市场需求的人才。

2. 专业方向与产业需求对接

教育机构应充分了解产业发展方向和用人单位的需求,结合自身优势调整专业方向,使之更加贴近产业发展需求。这有助于提高毕业生的就业竞争力,为企业输送更多高素质人才。

3. 实践教学与企业需求结合

在实践教学环节,教育机构应与企业紧密合作,为学生提供实际工作场景的实践机会,让学生在实际操作中磨炼技能、积累经验。这有助于提高学生的实际操作能力,培养出更符合企业需求的应用型人才。

4. 校企合作与共同培养

校企合作是需求导向原理的重要体现。教育机构与企业通过共同培养人才,可以更好地满足企业用人需求,同时让学生在学习过程中紧密结合实际,提高实践操作能力和综合素质。

5. 持续关注市场动态

教育机构在培养人才的过程中应持续关注市场动态,及时了解产业发展趋势和用人需求,以便在教学过程中调整教学策略,确保人才培养始终保持与市场需求的一致性。

(二)资源共享原理和资源依赖理论

在产教融合中,资源共享原理强调教育机构和企业应该互相补充和共享资源,提高资源利用效率,从而促进人才培养、技术创新和产业发展。这一原理的应用主要体现在以下五个方面:

1. 实训基地与实验室共建

教育机构和企业可以合作投资建设实训基地、实验室和研究中心,共享各自的硬件资源和技术设施。这有助于降低双方的投资成本,又能为学生提供更好的实践平台,提高实践教学质量。

2. 教学资源共享

教育机构和企业可以共享教学资源,如课程、教材和案例等。企业可以提供行业实际案例供教育机构教学参考,教育机构则可以将优质教学资源共享给企业,为企业员工提供培训和进修机会。这种资源共享有助于提高教学质量和员工素质。

3. 师资队伍共享

企业技术骨干可以担任兼职教师,为学生提供实际工作教学和技能培训。同时,教师也可走进企业进行实践锻炼,提高自身的实际操作能力和教育教学水平。这样的师资队伍共享有助于实现理论与实践的融合,提高人才培养质量。

4. 学术研究与成果共享

教育机构和企业可以在学术研究和产业研发项目中进行合作,共享研究成果和技术创新。这有助于促进产学研一体化,推动产业技术创新和教育改革。

5. 信息共享与交流

教育机构与企业之间可以建立信息共享与交流机制,定期举办校企对接会、研讨会和培训班等活动,以便双方及时了解彼此的需求和发展动态,加强交流与合作。

在此过程中,资源依赖理论为我们提供了有益的理论指导。资源依赖理论认为,任何类型的组织都需要通过跨界交换与交流获得更多的优质资源,实现更快更高效的发展,而不能独自发展。在产教融合中,学校和企业的合作发展需要依靠政府的环境引导、政策支持和法律保障,以及行业组织的积极支持。企业要实现更高的经济效益和加快发展速度,就需要从学校招聘优质人才、引入先进技术,并让学校为自己培养员工。学校要完成人才培养、科学研究和社会服务等任务,也需要从企业处获得资金、设施、技术、人力和信息等要素的支持。

综上所述,遵循资源共享原理和资源依赖理论,产教融合可以实现教育机构、企业和政府等多方主体之间的优势互补和资源共享,进一步推动人才培养、技术创新和产业发展,为社会经济持续发展提供强大的支持。

(三)双向交流原理

双向交流原理主张建立校企双向交流关系,加强理论与实践的融合,实现教育机构与企业之间平等、互利的合作关系。在产教融合中,双向交流原理的应用主要体现在以下五个方面:

1. 校企合作协议与项目

教育机构与企业可以签订合作协议,共同开展人才培养、技术研发和产业服务等项目,实现资源整合和优势互补,提高教育教学和产业发展水平。

2. 实习与实训

教育机构可以将企业作为学生实习实训的基地,让学生在企业实际生产环境中锻炼技能、积累经验。企业也可以通过实习实训选拔优秀人才。这种校企互动有助于理论与实践的融合,提高人才培养质量。

3. 课程开发与更新

教育机构与企业可以共同参与课程的开发与更新,确保课程内容紧密贴合市场需求,培养出具有实际应用能力的人才。企业可以提供实际案例、技术支持和市场需求信息,帮助教育机构优化课程体系。

4. 学术交流与合作研究

教育机构与企业可以共同组织学术研讨会、技术研讨会等交流活动,分享研究成果和技术创新,推动产学研一体化。双方还可以合作开展研究项目,共享研究资源,提高研究水平。

5. 信息反馈与调整

教育机构与企业之间应建立有效的信息反馈机制,及时了解人才培养质量、课程设置和教学方法等方面的问题,根据市场需求进行调整优化。这有助于提高教育教学的针对性和实效性。

总之,双向交流原理强调教育机构和企业之间应建立平等、互利的合作关系,通过建立有效的沟通渠道实现双向交流,及时调整教育和培训策略,提高教育的针对性和实效性。这种双向交流的合作方式能够使学生能够在学习过程中紧密结合实际,提高实践操作能力和综合素质,培养出更具竞争力的应用型人才。

(四)协同原理

协同原理涵盖了诸如协同效应、伺服原理和自组织原理等概念,强调各系统之间的相互交织、互相合作、互相影响、共同作用和合作共赢的协同关系。这种现象不仅存在于自然科学领域,而且在社会科学领域同样普遍。协同原理为产教融合的发展和解决产教融合中的问题提供了新的理论视角和思维模式,强调教育机构、企业和研究机构的跨界合作,共同推进产业技术创新和教育改革。在产教融合过程中,协同原理主要应用于以下几个方面:

1. 产学研一体化

产学研一体化作为协同原理的核心体现,旨在整合教育、产业和科研资源,构建互补、协同的创新体系。产学研一体化有助于实现资源共享、成果共享,提高创新效率。

2. 合作研究与开发

教育机构、企业和研究机构开展合作研究与开发项目,共同解决技术难题。这种合作模式能够充分发挥各方在技术、人才、资金等方面的优势,加快研发速度和提高研发成功率。

3. 创新平台与技术转移

通过建立创新平台(如产学研联合实验室、技术研究中心等),推动技术成果的转化和应用。企业可获取先进技术,提高竞争力;教育机构则可借此推动教学改革和进行人才培养。

4. 创新创业教育

教育机构将创新创业教育纳入课程体系,培养学生的创新思维和创业能力。企业和研究机构为学生提供实践平台,支持创新创业项目,从而激发学生的创新潜能,培养新一代创新创业人才。

5. 政策支持与合作机制

政府部门可出台一系列政策措施,支持产教融合和协同创新,如资金扶持、税收优惠等。同时,建立健全合作机制,促进教育机构、企业和研究机构之间的协同合作。

总而言之,协同原理在产教融合中发挥着重要作用,有助于推动产业技术创新与教育改革。通过加强教育机构、企业和研究机构之间的协同合作,产教融合能够提高创新效率,促进各方共同发展,最终实现教育、科研和产业的共赢。

二、产教融合的理论框架

通过构建产教融合的理论框架,并从多个维度深入分析,我们可以更好地明确产教融合的理念、政策体系、实施主体、实施路径、评价体系和影响因素等关键要素,有助于为产教融合的研究和实践提供有力支撑。产教融合的理论框架主要包括以下几个方面:

(一)产教融合的理念

产教融合的理念明确了其价值观念和目标导向,强调教育与产业发展之间的紧密联系,以及人才培养的实践性、应用性和创新性。产教融合的目标导向旨在提升教育质量,满足产业发展需求,培养具有创新精神、实践能力和社会责任感的应用型人才,推动社会经济可持续发展。

(二)产教融合的政策体系

支持产教融合的政策体系包括政策导向、政策支持和政策监管。政府需制定明确的产教融合政策,为产教融合创造有利条件,并提供资金支持、税收优惠、人才培养和技术创新等方面的政策支持,激励各类主体积极参与产教融合。同时,政府应加强对产教融合的监管,确保其健康发展。

(三)产教融合的实施主体

产教融合的实施主体包括政府、企业、学校和研究机构。政府作为产教融合的主导者,负责制定政策、提供政策支持并加强监管;企业作为产教融合的重要实施者,需要积极参与人才培养、技术创新和知识传播等方面的合作,为教育提供实践场景和资源支持;学校应根据产业发展需求调整课程设置和教学模式,促进产教融合,培养具有实践能力和创新精神的应用型人才;研究机构需要发挥科研和技术创新的优势,为产教融合提供理论指导和技术支持。

(四)产教融合的实施路径

产教融合的实施路径涉及具体的实施方式和步骤,包括建立学校与企业共建的实践基地,开展联合培训、实习实训、课题研究等多种形式的合作,提高学生的实践能力和培养学生的就业竞争力;政府、企业、学校和研究机构共同参与产教融合,形成产学研协同创新体系,推动人才培养、技术创新和知识传播的深度融合。同时,学校应根据产业发展需求调整课程设置,强化实践教学,注重培养学生的实践能力、创新能力和团队协作能力。

(五)产教融合的评价体系

建立以学生就业质量、企业满意度、技术创新和知识传播等指标为主的产教融合绩效评价体系,对其实施效果进行评估与监控。同时,根据绩效评价结果,持续优化产教融合政策体系、实施主体和实施路径等方面的工作,建立持续改进机制,以推进产教融合的持续发展和优化。

(六)产教融合的影响因素

分析产教融合的内外部因素,有助于为其优化提供决策依据,提升产教融合的实施效果和持续发展能力。内部因素包括政策支持、组织结构、人才培养、技术创新等方面,直接影响产教融合的实施效果;外部因素包括产业发展趋势、劳动力市场需求、社会文化环境等方面,间接影响产教融合的实施效果。

综上所述,构建完善的产教融合理论框架有助于明确产教融合的关键要素。各实施主体应充分发挥自身优势,主动参与产教融合,促进教育与产业发展的紧密结合,推动人才培养、技术创新和知识传播的深度融合。通过持续优化产教融合政策体系、实施主体和实施路径等方面,可以提高产教融合的实施效果,助力社会经济可持续发展。同时,要留意产教融合中可能出现的问题与挑战,并及时正确应对,以确保其健康、稳定、可持续发展。

第三节 产教融合与国家战略

一、产教融合与国家战略的互动关系

国家战略是一个国家为实现长远发展目标而制定的总体规划和指导思想。在这一背景下,国家战略对产教融合的推动作用主要表现在以下几个方面:

(一)制定有利于产教融合的政策

政府制定的政策对产教融合的发展起到关键性作用。通过实施一系列针对产教融合的政策措施,如税收优惠、资金支持、优先发展等,政府可以创造有利于产教融合的良好环境。这些政策鼓励企业与教育机构加强合作,有利于提高人才培养的质量和效益。

(二)提供资金支持

通过投入资金支持产教融合的发展,为企业与教育机构提供必要的经济保障。这些资金可以用于支持产教融合项目、建设实训基地、研发创新平台等方面,提高教育质量和人才培养效果。

(三)优化产业结构和政策导向

根据国家的发展方向,政府可调整产业结构,优先发展战略性新兴产业、高技术产业等重点领域。这将为产教融合提供广阔的发展空间,促进产业与教育的紧密结合,提高人才培养的针对性和实效性。

(四)强化人才培养需求导向

产教融合提供了明确的人才培养需求导向。根据国家战略发展目标和重点领域,教育部门和企业可以共同确定人才培养的方向和标准,使教育与产业需求相互适应,提高人才培养的针对性。

(五)鼓励技术创新与合作

关注技术创新和产业升级,鼓励企业与高校、研究机构开展技术合作与研发。这有助于培养具有创新精神和实践能力的人才,推动产教融合的深度发展。

(六)建设国际交流与合作平台

政府可以支持和推动产教融合领域的国际交流与合作。通过建立合作关系、签订合作协议、参加国际会议和展览等方式,促进国内外企业、高校和研究机构之间的交流与合作。这将有助于引入国际先进的产教融合理念和经验,提升本国产教融合的水平。

(七)提升公共认知与支持

通过宣传和推广产教融合理念,提高公众对产教融合的认知和支持。政府可以组织各类活动,如宣传周、论坛、研讨会等,向社会传递产教融合的理念和成果,树立产教融合的良好形象,为产教融合发展营造良好的社会氛围。

(八)引导社会资本投入

通过政策引导和市场机制,鼓励社会资本参与产教融合。吸引企业、社会组织、民间资本等多元化投资主体参与产教融合项目,为产教融合提供多元化、持续性的资金支持,促进产教融合的可持续发展。

以上措施共同推动产教融合的发展,为国家战略实施提供有力支持,培养符合国家发展需求的高质量人才。

二、产教融合在国家战略中的重要意义

产教融合在国家战略中具有重要地位,已成为国家推动经济发展、提高人才培养质量和加快产业结构调整的重要手段。产教融合已被纳入国家中长期发展规划,成为国家创新驱动发展战略、国家教育改革发展战略和国家产业政策的重要组成部分。体现在以下几个方面:

(一)处于人才培养的核心地位

人才是国家发展的关键因素,而产教融合作为一种现代化的人才培养模式,其在国家战略中具有重要地位。通过产教融合,可以使人才培养更加贴近实际需求,提高人才的实践能力和创新精神,为国家战略提供有力的人才支持。

(二)提升国家竞争力

产教融合有助于提升国家在全球范围内的竞争力。通过产教融合培养的人才更能适应市场需求,具备较强的创新能力和较多的实践经验,能够在国际竞争中占据优势地位,推动国家经济和科技水平的持续提升。

(三)成为创新驱动发展战略的支柱

创新驱动发展战略是现代国家战略的核心内容之一。产教融合可以为创新驱动发展战略提供强有力的支撑,培养具备创新精神和实践能力的人才,推动国家科技创新、产业升级和转型发展。

(四)促进区域协同发展

产教融合有助于实现国家战略中的区域协同发展。通过产教融合,各地区可以根据自身产业特点和发展需求,优化资源配置,实现产业结构调整和转型升级,促进区域经济的协同发展。

(五)提高人民生活水平

产教融合对提高国民生活水平具有重要作用。通过产教融合培养的高质量人才,可以带动提高国民的就业质量和收入水平,进而提高人民的生活水平,实现国家战略中的共同富裕目标。

(六)搭建国际交流与合作的平台

产教融合可以成为国家战略中的国际交流与合作平台。通过产教融合,各

国可以在教育、技术创新、产业发展等方面开展合作,共享资源和经验,推动全球产业链协同发展。同时,国际交流与合作有助于提高本国产教融合水平,吸收国际先进理念和经验,提高国家战略实施的效果。

(七)助力可持续发展

产教融合在国家战略中也起到了促进可持续发展的作用。产教融合可以培养具备可持续发展意识的人才,推动绿色发展、循环经济和低碳发展等战略的实施。此外,产教融合有助于提高资源利用效率,降低环境污染,为国家可持续发展提供人才和智力支持。

(八)提高社会治理与民生服务水平

产教融合在国家战略中对社会治理与民生服务领域的发展也具有重要意义。通过产教融合培养的专业人才,可以更好地服务于社会治理和民生改善,提升国家治理体系和治理能力现代化水平。

第四节 国内外产教融合育人模式分析

一、国外产教融合育人模式分析

随着第四次工业革命的到来,德国工业4.0和美国工业互联网在产教融合、校企合作方面做了有益探索,日本形成了自身独特的官产学研合作模式。研究这些国家的育人模式对于我国产教融合的发展具有借鉴意义。

(一)德国双元制模式

德国双元制人才培养模式最初是在职业技术学院开展实施,是指学生拥有学校学生和企业员工的双重身份,通过高校和企业联合培养,实现人才供需的双向对接。经过多年发展,双元制人才培养模式已经成为德国高等教育领域内的重要教育理念,并在应用型高校和综合性大学都被广泛应用。

1. 模式概况

德国双元制人才培养模式源于20世纪60年代末及70年代初,是由卡尔·波普尔提出的"双元论"。该理论指出:成功的培养模式应当兼顾经济发展和社会发展,以满足社会的双重需求。在此基础上,德国政府针对当时的社会状况,逐步建立了一套包括企业、社会团体和个人在内的双元制培养模式。

该模式以"双元论"为理论基础,以"责任、公平、可持续发展"为文化价值体系,将企业发展和个人发展融为一体,充分体现了双元理念。企业在培养人才的同时,应当发挥企业的社会责任,关注社会发展;个人在发展自身的同时,也应当关注社会的公平和可持续发展,充分发挥自身的社会责任。

德国双元制人才培养模式的主要目标是为学生提供更多的就业机会,从而保障他们的就业。为此,它在教育理念上将职业技能和专业技能结合起来,让学生得到综合性的发展。同时,注重学生的实践能力和自我调整能力,使他们能够在就业市场中脱颖而出,获得更多的机会。此外,它也鼓励学生及早参与实践,学习实际技能,能够在面对复杂情境时做出判断和决策,从而更好地适应社会经济发展。

2. 案例介绍:德国巴登符腾堡州双元制大学[①]

德国巴登符腾堡州双元制大学成立于2009年,以服务区域经济发展为宗旨,共设28个专业、100多个方向,其中经济领域设有6个专业、37个方向。该校的课程体系由8大模块组成,学生需修满210学分,将理论学习与实践学习紧密结合,并采取每3个月交替形式。设置方法基础模块、关键能力模块和附加模块,培养学生科学方法、团队合作能力、沟通表达能力、社会责任感和国际理解力等能力。

德国巴登符腾堡州双元制大学的人才培养主体是教育企业,全程参与教学过程,为学生提供实践教学和必需材料,并颁发证书为企业招聘提供参考。在经费上,企业分担部分教育成本,承担实践教学所需经费。该大学采用多种方式进行考核评价,重视学生专业能力、理解能力、反思能力、综合解决问题能力、跨专业能力、语言表达能力、展示能力和团队合作能力等方面,促进学生的全面能力发展。

3. 模式的优缺点及借鉴意义

德国双元制人才培养模式具有多方面的优点。首先,它能够有效地培养学生的实践能力和职业技能,使他们更容易适应和融入企业的工作环境和文化。其次,它能够减少学习的盲目性和就业的不确定性,因为学生在入学前就要与一家实习企业签约,学习期间又有企业的指导和评价,毕业后有很大可能性在实习企业直接就业。此外,该模式能够减轻学生的经济负担,并提高学生的收入水平

[①] 徐涵.德国巴登符腾堡州双元制大学人才培养模式的基本特征——兼论我国本科层次职业教育人才培养模式重构[J].职教论坛,2022(01):121-128.

和职业发展前景。这些都有利于促进德国经济的发展和竞争力。

然而,该模式也面临一些挑战和困难。如学生可能知识面过于狭窄,缺乏创新精神和批判性思维。同时,该模式也可能限制学生的个人选择和发展空间。这些都可能导致教育资源不均衡分配和社会阶层固化等问题的出现。此外,培训企业数量和质量不足,导致学生选择范围和机会有限。培训内容和标准不统一,以及培训企业对学生的利用和剥削现象普遍存在,这些都可能损害学生权益。

德国双元制人才培养模式需要完善的法律和法规体系、广泛的社会参与机制和强大的工业基础和市场需求。该模式对我国职业教育的发展有所启示,如设置专业课程、加强校企合作、建立完善的职业教育法律体系和"双师型"教师队伍。但是,我们不能直接复制或照搬德国的经验,需要根据本国的教育体系和文化传统、产业结构和发展阶段、法律制度和社会环境进行调整,以实现职业教育的创新发展。

(二)美国 CBE 教育模式

美国应用型高校主要采取学习和工作模式(Competency-Based Education),即 CBE 教育模式。该模式与德国双元制模式具有共性,着重于学习者的自主学习和相关能力的发展与应用。

1. 模式概况

CBE 教育模式以技能、知识能力为中心,强调学生面向能力、探究式能力和学习能力的发展,要求学生建立学习策略,掌握解决问题的策略,提高个人的能力和素质。

该模式下,学校聘请行业中的专家组成专业委员会,将岗位职业能力分解并明确培养目标。它打破以传统的公共课、基础课为主导的教学模式,强调以岗位群所需职业能力的培养为核心。相关教学人员按照教学规律,将相同或相近的能力进行总结和归纳,构建以能力为基础的教学模块。采用多元化的教学方法,如讲授、讨论、辅导、案例、合作学习等,探索发展学生的个性和能力。并要求学生在大学教学与企业实训之间交替学习,从而提升人才培养质量。

CBE 教育模式具有自主性和灵活性,着重从地方实际出发,根据社会经济发展的客观要求来设置应用型专业。此外,CBE 教育模式在探究式学习、技能学习和认知发展等方面发挥积极作用,是一种有效的教育方式,有利于学生的全面发展。

2. 案例介绍：美国新奥尔良大学商学院[①]

美国新奥尔良大学商学院（COBA）是一所公立研究型大学，采用 CBE 教育模式，旨在培养学生的创新、思考和创业能力。学校建立了"Career Compass"职业服务数据库，帮助学生与雇主单位进行连接，并为雇主寻找合适的候选人。

该学院教育理念突出实践性和自主学习能力的培养，注重实践运用知识和技能，提高学习效率。学院还设有职业指导中心，提供全方位的帮助，包括课程设计和职业规划等方面的指导，以提高学生的职业竞争力。学院采用随机性考试和严格纪律管理确保学生参与度高，同时以 AACSB 认证标准为抓手，维持专业化服务和质量标准。此外，学院 CO-OP 体系的建立有助于增强学校和雇佣单位之间的有效关系，并提供职业培训机会，以提高学生就业能力。

3. 模式的优缺点及借鉴意义

CBE 教育模式具有多方面的优点。它不仅能够提高教育与就业的相关性，还能够强化行业用人部门和学校教育部门间的紧密合作。此外，该模式还能够突出能力培养的重要性，打破僵化的学科课程体系，把理论知识与实践技能训练结合起来。注重个别化学习，以学习者的学习活动为中心，注重"学"而非注重"教"。这些都有利于缩小职业教育与经济发展的距离。

然而，该模式也存在一些缺点，可能导致学生对能力本质的理解过于狭隘，忽视知识与理论的重要性。同时，该模式也可能导致教育目的的偏颇，重视行为、忽视品德和人文素养等。这些都可能影响教育质量和职业迁移性。此外，该模式也可能导致教育方法的局限，影响学生继续学业。

美国 CBE 教育模式适用的条件包括：国家有明确的职业教育发展战略和政策导向，并且有强大的政府支持和监督；行业有创新需求和意识，并且有与学校合作的能力和意愿；学校有优秀的教育人员和资源，并且有与行业合作的能力和意愿；教学管理机构具备专业的能力评估、课程设计、教学实施和评价等服务，并且有协调各方利益关系的能力。

我国可以从美国 CBE 教育模式中获得借鉴，但需要注意不可简单复制，应根据本国情况进行创新和适应。具体而言，可以从以下方面借鉴：对入学学员通过原有经验所获得的能力经考核后予以承认，完善国家的职业教育评价体系；以

[①] 于立生.应用型本科高校的产学研合作教育模式研究——以美国新奥尔良大学为例[J].海峡科学，2018(07):69-73.

从事某一具体职业所必须具备的能力为出发点来确定培养目标、设计教学内容、方法和过程、评估教学效果,完善国家的职业教育课程体系;重视学生的自我学习和自我评价,采用标准参照评价,完善国家的职业教育质量保证体系;通过灵活多样的教学方法和严格科学的管理方式,完善国家的职业教育教学管理体系。在借鉴时,需要结合本国的教育体系和文化传统、产业结构和发展阶段、法律制度和社会环境等因素进行适当调整。要充分发挥借鉴作用,同时积极探索适合中国国情的职业教育模式,为推进人才培养质量和经济发展提供有力支撑。

(三)日本官产学研合作模式

日本官产学研合作模式是政府、大学、企业和研究机构之间的合作模式,以企业为核心,促进科研成果转化,提高科技创新能力。该模式基于三重螺旋理论,认为大学、企业和政府代表经济发展的核心力量,它们之间形成流动的螺旋状联系。

1. 模式概况

日本政府在产学研合作中占有主导地位,将其视为一项教育基本国策实施,并鼓励企业与科研机构和大学开展交流,进行共同研究。政府出台了《大学技术转移促进法》及《研究交流促进法》,鼓励大学向企业转移科研成果,并制定了多种合作制度。此外,政府建立了完善的官产学研评价制度和数据库服务系统,以促进研发成果的转化率和推广国际产学研合作事业。这些措施共同构成了完备的政府保障制度和组织机构,为日本官产学研合作的快速发展提供了坚实的基础。

日本官产学研合作的另一个重要特征是以企业为主体,构建产学研合作创新体系。政府通过国家科技计划等多项科技计划,投入大量研究课题和经费,并鼓励企业与科研机构和大学联合申请国家重大科研项目。此外,企业作为经济活动的主体,在科技成果转化为生产力、推动经济发展方面发挥着主导作用。日本大部分科研经费来自企业,企业也是科研投资的主要来源。

产学研合作形式多样,包括委托研究、共同研究、捐赠奖学金等多种形式。该模式将大学、科研机构和企业三方力量有机融合,共同进行高新技术开发和转化,其中项目多集中于高新技术领域。由于合作形式多样,成果转化周期短,这加速了高新技术的开发和转化,推动了日本经济的快速发展。

2. 案例介绍：早稻田大学产学官研究推进中心①

早稻田大学是一所位于东京的综合性大学，拥有文理学部、教育学部、社会福祉学部、法学部和国际学部等五个主要部门。早稻田大学研究推进部产学官研究推进中心作为其直属机构，是一个以促进"产学官研三位一体"合作的研究机构。早稻田大学研究推进部产学官研究推进中心的技术转移机构（TLO）和创业孵化推进室则是该机构的核心部分。

技术转移机构成立于1999年，拥有官方认可的技术转移机构（TLO）资格，致力于帮助大学、研究所和公司进行成果转化与产业化，并提供相关宣传服务和法律支持。创业孵化推进室则是由早稻田大学和JETRO（日本贸易振兴机构）合办的专业机构，为本校企业家及创业者提供融资、市场咨询等必要的支持服务，支持风险企业创建或组织创建多个孵化基地，并积极推动知识传承、技术论坛等活动，将学术和企业实践融合，改善社会质量和满足行业需求。

3. 模式的优缺点及借鉴意义

日本的官产学研合作模式具有高效率、高质量、促进科技成果转化和应用及增强国家创新力等优点。同时，该模式也存在一些缺陷，如大学过于依赖企业投资，可能损害大学的自主性和学术性；可能出现专利和风险企业数量过多，给大学和政府带来沉重负担；同时会存在利益分配和知识产权纠纷等风险。

日本的官产学研合作模式适用于以下条件：国家有明确的科技发展战略和政策导向，并得到政府的支持和监督；企业有强烈的创新需求和意识，具备与大学合作的能力和意愿；大学拥有优秀的科研人员和成果，具备与企业合作的能力和意愿；中介服务机构提供专业的技术评估、产权交易、法律咨询等服务，并且具有协调各方利益关系的能力。

我国可以借鉴日本的官产学研合作模式，完善我国的官产学研合作体制可以从拓展合作模式、提高科研成果转化能力、注重人际关系和沟通交流等方面入手。需要注意的是，在借鉴日本官产学研合作模式的同时，我们也要结合自身国情进行适当调整。例如，针对本国的科研方向、项目管理、成果转化等进行优化；

---

① 唐向红. 日本产学官合作机制分析及启示——以早稻田大学产学官合作为例[J]. 东北财经大学学报，2012(03):29-34.

选择适合本国的合作模式和中介机构;建立有效的评价和激励机制来确保官产学研合作的效果。总之,充分发挥借鉴的作用,积极探索适合中国国情的官产学研合作体制,为推进科技创新和经济发展提供有力支撑。

二、国内产教融合育人模式分析

产教融合是应用型本科院校自我发展和服务地方经济发展的重要途径。目前,我国应用型本科院校主要采用以下五种产教融合模式:

(一)"校企技术合作"模式

1. 模式概况

校企技术合作是高校与企业通过技术合作研发等方式开展合作的最常见的形式。高校与企业可以通过承担企业横向课题、共建技术开发中心、技术成果转换、共培技术人员等方式深化产教融合。校企技术合作主要分为三种:一是校企项目合作,包含技术转让、项目委托、共同研发等;二是共建研发平台,包含共建科研基地、共同创办技术型企业等;三是共建科研团队,包含共建研究院、共建技术联盟等。

2. 案例介绍:北京理工大学与中国航天科工集团的技术合作

北京理工大学与中国航天科工集团于2009年签署战略合作协议,建立了长期稳定的合作关系。双方在导弹、火箭、卫星、航天器等领域合作开展了多项技术项目,并取得了一系列重大成果。为了促进双方的科研活动,航天科工-北理工联合研究院和航天科工-北理工联合实验室、联合创新中心等多个研发平台也随之建立。此外,合作还涵盖了人才培养领域,双方共同培养了一批高层次的技术人才,为国家的航天事业做出了贡献。

3. 模式的优缺点及借鉴意义

"校企技术合作"模式有利于高校提升科研水平和创新能力,为企业提供最前沿的技术支持,促进科技成果转化和应用,也有利于高校和企业实现资源共享、利益共享和风险分担。但是,这种模式也存在一些问题和挑战,例如文化差异、知识产权保护不力、合作机制不健全等影响了双方的合作效率。

对于应用型本科院校,这种模式具有重要的借鉴意义,可以帮助高校提升自身的科研能力和水平,服务于地方经济社会发展,培养更多高素质应用型人才。但是,这种模式需要高校和企业加强沟通协调,建立有效的合作机制和评价体系,保障双方的利益和权益,实现真正的产教融合。

(二)"校企政"合作模式

1. 模式概况

"校企政"合作模式是"学校—企业—地方政府"三方合作的一种形式。政府发挥着制定政策、法律、制度的作用,在校企合作中起到了重要的推动和保障作用。高校、政府和企业可以通过联合开展课题研究、推动科技成果转化、提供智力支持、共享资源等方式实现产教融合。

2. 案例分析:广西科技大学鹿山学院[①]

广西科技大学鹿山学院与柳州市政府签订的战略合作协议为该校与当地政府深度合作提供了重要的框架和支持。在协议中,双方明确了人才培养、科技创新、社会服务等方面的目标和任务,共同致力于推动地方经济发展和人才队伍建设。同时,该学院积极与国内外知名企业建立广泛的校企合作关系,通过开展多种形式的人才定制培养项目,为企业输送符合实际需求的高素质应用型人才。其中,订单式、定向式、委托式等多种形式的人才定制培养项目可以更加精准地满足企业对人才的需求,而双导师制、双证书制、双岗位制等多种形式的人才定制培养项目则可以更好地将教育培训与企业实践相结合,提升学生的实践能力和行业适应性。

3. 模式的优缺点及借鉴意义

"校企政"合作模式的优点在于有利于高校服务地方发展,为地方经济结构调整和产业发展提供教育资源支持;有利于政府引导和规范校企合作,为高校提供政策倾斜和资源便利;有利于企业获取稳定的科研人才和项目资源。但该模式也存在缺点,如三方之间需要沟通协调、解决利益分配、责任界定、风险控制等问题;需要高校调整教学计划和管理制度,适应校外实习的要求和特点;需要企业和政府部门提供高质量的实习项目和指导,保证学生的安全和权益。

对其他高校而言,"校企政"合作模式的借鉴意义在于可以建立有效的沟通协调机制,明确各方的职责和权利,形成合作共赢的局面;可以设计有针对性和挑战性的实习项目,提高学生的实践能力和创新能力;可以根据市

[①] 农万华等.地方应用本科院校校政企合作模式探索——以广西科技大学鹿山学院为例[J].广西教育,2018(8):88-89.

场需求和社会期待,培养适应和引领现代产业发展的高素质应用型、复合型、创新型人才。

(三)校企共建基地模式

1. 模式概况

校企共建基地模式是指高校与企业共同建设实习实训、实践教育、创新创业等多种类型的基地,通过引导学生进入基地进行实习实训、实践教学、创新创业等活动,拉近学生与企业的距离,提升学生的实践能力,培养应用型人才。这种模式有利于高校拓展教育教学空间,丰富教育教学内容,提高教育教学质量;也有利于企业培养和选拔合适的人才,为企业发展提供人力资源保障。

2. 案例介绍:安徽开放大学多元化基地建设

安徽开放大学以培养应用型人才为目标,注重实践教育的重要性。通过校企共建基地模式的探索和实践,该校与国内外知名企业建立了广泛的合作关系,共同建设了多个类型的基地,包括实习实训基地、实践教育基地、广播电视编导实践教育基地、创新创业培训中心等。其中,实习实训基地主要是为学生提供专业技能实践机会而设立的。例如,该校与企业建立的电力工程技术实习实训基地,可以让学生在一个真实的电力工程环境中进行实习实训,提高其专业技能水平和增加其实际操作经验。实践教育基地则主要是为学生提供更多元化的实践课程和专业导师而设立的。广播电视编导实践教育基地,可以让学生接触到不同的影视制作流程和技术,学习影视制作的理论和实践,从而更好地适应市场需求。基地致力于为学生提供创新创业项目的孵化、指导、支持和服务。创新创业培训中心,可以为学生提供有关创业管理、财务规划等方面的课程和指导,帮助学生创立自己的创业项目。

3. 模式的优缺点及借鉴意义

校企共建基地模式的优点和缺点都具有一定的复杂性和多样性。优点方面,该模式不仅可以提高学生的实践能力和就业竞争力,而且还可以促进学校与企业之间的紧密合作,形成资源共享、责任共担、合作发展的办学模式。此外,该模式也可以激发学生的创新创业意识和能力,为学生提供创新创业项目的孵化、指导、支持和服务,培养学生的创新精神和创业能力,拓展学生的职业发展空间。

但是,校企共建基地模式也存在一些缺陷。例如,需要长期稳定的合作关系,大量人力、物力、财力等投入,校企之间可能会产生利益分配、风险承担、文化差异等问题。同时,还需要保证基地规范化管理、平衡好基地与学校教育教学之间的关系、适应社会经济发展和产业技术变化的需求等。

校企共建基地模式对于高校与企业深度合作、促进应用型人才培养和就业有重要作用。其他高校可以从该模式中借鉴经验,探索出更加符合本校特点和市场需求的教育教学模式,如多元化基地建设、产学研合作等。同时,其他高校也可以从中汲取经验,改进现有教育教学模式,提升应用型人才培养水平,如注重课程设置实用性、开展社会实践活动等。总之,校企共建基地模式具有借鉴意义,可以为各高校提供有益思路和经验,以适应社会的需求和发展。

（四）企业办学模式

1. 模式概况

企业办学模式能够充分利用企业的技术、品牌、市场等优势资源,与高校深度合作,实现共同育人、共同发展的目标。这种办学模式是一种由企业主导或参与创办高校的形式,指的是企业与职业院校或高等院校合作创办职业技术教育或应用型本科教育,并以企业需求为导向,紧密对接产业发展和岗位需求,培养适应市场的高技能人才或应用型人才。同时,企业办学模式还能利用企业资源提供优质的实践条件和环境,以企业文化为熏陶,传承企业的理念、价值、精神、规范等,培养学生的职业素养和职业道德。此外,以企业效益为动力也可以实现教育投入和产出的良性循环,提高教育质量和效率。

2. 案例介绍:云南工商学院－华为信息与网络技术学院[①]

2014年12月,云南工商学院与华为合作开展了"云南工商学院－华为信息与网络技术学院"项目,按"1+2+N"方式充分实践,旨在共建ICT人才链。双方围绕ICT人才培养协作联盟、ICT人才标准共建、ICT教学资源库及ICT校企联盟共建四个方面开展实质合作。在课程及实验室建设、ICT大赛、人才双选会、校园信息化建设等多个方向上,双方取得了很好的成果。双方签署全面合作协议后,将重新授牌华为信息与网络技术学院,并在校企合作、产教融合等领域展开更加深入全面的合作。通过该合作,云南工商学院智能科学与工程学院把华为ICT学院课程体系引入正常教学,涵盖数通、云计算、存储、大数据、人工智能等方向,成功地培养了大量数字科技人才。同时,学生参加华为信息与网络技术学院大学生ICT技能大赛多次荣获全国及省级一等奖。在师资培养和实验

---

① 云工商 & 华为:以"1+2+N"的方式培养应用型高素质人才

室建设方面也取得了重要进展。学校就业工作被教育部评为全国毕业生就业典型经验高校暨全国高校就业工作50强,与华为技术有限公司"华为ICT人才联盟双选会"合作,极大地提升了计算机毕业生的就业能力。

3. 模式的优缺点及借鉴意义

企业办学模式可以充分发挥企业的优势资源,提高人才培养的针对性和实效性,促进高校与企业之间的深度合作,增强教育的活力和创新性,并实现教育投入和产出的良性循环。但同时也存在可能为迎合企业需求而忽略基础理论和人文素养,导致高校失去教育本位的问题。此外,由于双方在目标、机制、文化等方面存在差异,也可能会出现合作不平等、不稳定、不规范等问题,影响合作效果和质量。

企业办学模式对高校、企业及学生都有借鉴意义。高校可以借鉴企业办学模式中的产教融合、工学结合、顶岗实习等理念和做法,改革人才培养模式和办学机制,增强教育与社会需求的对接度和适应度;企业可以借鉴企业办学模式中的校企合作、共建共享、互惠互利等原则和方法,加强与高校之间的沟通协作,优化人才培养条件和环境,提升人才培养质量和效益;学生可以借鉴企业办学模式中强调实践实训、职业素养、企业文化等内容和要求,提高自身的专业知识和技能水平,培养自身的职业习惯和职业态度,增强自身的就业竞争力和激发发展潜力。

(五)校企共建特色学院模式

1. 模式概况

校企共建特色学院模式是一种高校与行业特色企业共建特色学院的一种形式。该模式是高校主动对接地方(行业)发展需求,与具有行业代表性、技术领先性、创新能力的企业建立长期稳定的合作关系,针对某个专业或领域开展全方位合作,包括人才培养、科学研究、实习就业、质量监督等,贯穿整个专业教育教学环节,实现人才培养与产业需求紧密结合。该模式以"校企双主体"为核心,以"产教融合"为目标,以"协同育人"为手段,以"共建共享共赢"为原则,打造具有高校特色和行业优势的应用型人才培养基地。

2. 案例分析:浙江树人学院特色行业学院

浙江树人学院致力于高级应用型人才培养,该校积极响应国家和地方关于推进产教融合、协同育人的政策要求,与浙江省内外多家知名企业开展深度合作,建立了山屿海商学院、同花顺金融信息服务学院、中白科技学院等12个特色行业学院,其中智慧康养产业学院成为浙江省首批21个省级重点支持现代产学院之一。这些特色学院以企业为依托,以专业为载体,以课程为纽带,以实践为支撑,以质量为保障,实现了校企双方在人才培养目标、课程体系、教学内容、教学方法、教学资源、教师队伍、实习就业等方面的深度融合和有效互动。这些特色学院不仅提升了高校的办学水平和社会影响力,也促进了企业的技术创新和市场竞争力,更培养了一批具有专业优势和就业竞争力的应用型人才。

3. 模式的优缺点及借鉴意义

校企共建特色学院模式是一种高校与企业深度合作的办学模式,具有许多优点:能够突出高校的办学特色,提升其在相关领域的核心竞争力和社会服务能力;同时满足行业和企业对高素质应用型人才的需求,缩短人才培养与就业对接的时间和距离;促进高校与行业和企业的深度合作,实现资源共享、优势互补、风险分担、利益共享;激发高校和学生的创新创业活力,提供更多的创新创业平台和机会。

然而,该模式也存在一些缺点,譬如需要高校与企业建立长期稳定的合作关系并维护合作和保障机制,防止权责不明和利益冲突等问题;共同制定人才培养方案,协调教学计划和实践安排,确保教学质量和效果,避免教学过于依赖企业或偏离高等教育的本质;共同投入资金和人力,建设和更新教学设施和资源,确保教学条件和水平,避免教学设备过时或不足。

该模式为高校的创新办学模式、培养适应现代产业发展需要的应用型人才及推动产教融合、协同育人提供了有效的路径和方法。同时,为高校与行业和企业深化合作提供了有效的平台和载体,为高校服务地方(行业)经济社会发展提供了有效的支撑和保障;为高校提升育人质量和水平提供了有效的途径和手段。因此,其他高校可以借鉴该模式,探索符合自身情况的校企合作模式,进一步推进高等教育教学改革和发展。

第五节 现代金融背景下产教融合的挑战与对策

一、产教融合在现代金融领域的价值分析

产教融合在现代金融领域中具有多方面的价值和作用,主要表现在以下六个方面:

(一)提高金融人才培养质量

通过校企合作、实践教学和课程改革等方式,教育机构能够更好地理解金融行业的需求,使课程设置更加贴近实际,培养出具有较强实践能力和创新精神的金融人才。同时,金融企业也能在人才培养过程中发挥积极作用,为学生提供实习和实践机会,提高毕业生的就业竞争力。

(二)促进金融创新与实践能力提升

金融企业与教育机构之间的紧密合作,为双方提供了更多的创新资源和技术支持,从而激发金融创新活力。金融科技(FinTech)领域的发展也得益于产教融合,高校和研究机构与金融企业共同推进技术创新,为金融行业的发展提供源源不断的动力。

(三)有助于金融风险防范与治理

金融企业与高校的紧密合作,可以推动金融风险管理理论与实践的交流与碰撞,从而提高金融风险管理水平。此外,高校可以为金融企业提供专业的风险管理培训和咨询服务,提高金融从业人员的风险意识和风险防范能力。

(四)为金融业务拓展与服务创新提供支持

金融企业与高校之间的合作关系,有助于共同开发新的金融产品和服务,满足客户日益多样化的需求。同时,产教融合还能够帮助金融企业提高管理水平和运营效率,降低成本,增强市场竞争力。金融机构可以利用高校和研究机构的研究成果和专业知识,优化企业战略规划,改进经营管理策略/方式,提升核心竞争力。

(五)增强金融普及和普惠金融发展

金融企业与教育机构合作,开展金融知识普及活动,有助于提高公众金融素养,促进金融市场的稳定和健康发展。此外,金融企业和高校可以共同研究和探讨普惠金融产品和服务的创新与发展,为广大民众提供更加便捷、高效的金融服务,推动经济社会全面发展。

(六)促进区域经济发展和产业升级

金融企业与高校的合作可以为地方经济发展提供金融支持,推动产业结构调整和优化。此外,金融企业可以利用高校的研究能力和技术资源,支持地方特色产业的发展,提升区域产业竞争力和创新能力。

因此,现代金融背景下的产教融合在金融人才培养、金融创新和技术发展、风险防范与治理、业务拓展与服务创新、普及金融知识和支持普惠金融、促进区域经济发展等方面具有重要作用。为此,金融领域应积极推进产教融合,加强与教育机构的合作,共同推动金融行业的可持续发展,更好地服务实体经济和社会发展。

二、产教融合在现代金融背景下的发展要点

在全球经济一体化和技术革命的背景下,现代金融呈现出多样化的特点,这些特点共同塑造了现代金融行业的发展格局,为金融业未来的持续创新与繁荣奠定了基础。在此背景下,产教融合需要关注以下几个方面,以便更好地服务金融行业发展和提高金融人才培养质量:

(一)技术驱动

现代金融行业的发展受到金融科技(FinTech)的推动。大数据、人工智能、区块链、云计算等新兴技术在金融领域得到广泛应用,为金融业带来了深刻变革。技术驱动推动传统金融机构进行数字化转型,同时催生了新型金融企业和创新金融服务。产教融合应关注金融科技的发展趋势,及时调整教育内容,培养具备金融科技知识和实际应用能力的人才。同时,金融企业与教育研究机构应加强合作,共同推动金融科技创新。

(二)业务创新

随着金融市场的不断发展,金融产品和服务日益丰富多样。新型金融业务和模式不断涌现,满足了市场和消费者的多样化需求,加速了金融行业的发展,对人才的要求也越来越高。产教融合应关注新兴金融业务和模式的发展,培养具备创新思维和跨学科知识的金融人才。教育机构应与金融企业合作,开展实践教学,提高学生对金融业务的理解和实际操作能力。

(三)监管变革

金融行业面临着更加严格和细化的监管要求。监管机构在全球范围内加强合作,制定了一系列金融法规和政策,以保护消费者权益、维护金融市场稳定,以及防范金融风险。这要求金融机构提高合规水平,加强风险管理,确保金融业务的稳健发展。产教融合应关注监管政策的变化,培养具备良好法律意识和合规能力的金融人才。教育机构应加强金融法律法规的教育,帮助学生掌握金融监管知识。金融企业可以与教育机构合作,分享合规经验,提高学生的实际操作能力。

(四)全球化趋势

金融业在全球范围内的合作与竞争日益加剧。金融市场一体化和跨境金融

业务迅速发展,金融机构需要应对来自不同国家和地区的竞争压力。全球化趋势促使金融机构拓展国际市场,加强国际合作,以提高自身竞争力。产教融合需要关注全球金融市场发展,培养具有国际视野和跨文化沟通能力的金融人才。教育机构可以开设国际化课程、开拓学生交流项目,帮助学生适应全球化的金融环境。

(五)客户需求多元化

现代金融消费者对金融产品和服务的需求更加多样化、个性化,金融机构需要提供更加精准、便捷的金融服务以满足客户需求。这导致金融机构加大对客户数据分析、产品创新和服务优化的投入,以提高客户满意度。产教融合应关注客户需求的变化,培养具有市场洞察能力和客户服务技巧的金融人才。教育机构可以开展客户服务和沟通能力的培训,提高学生的实际工作能力。

(六)社会责任意识增强

随着社会对金融行业的期望不断提高,金融机构的社会责任意识不断增强。金融企业需要关注环境、社会和治理(ESG)因素,将可持续发展纳入战略规划,以实现长期价值。金融机构需要关注绿色金融、普惠金融等领域,支持绿色经济、可持续发展项目,助力减贫,支持中小企业发展等,以回馈社会。产教融合应关注社会责任教育,培养具有强烈社会责任感的金融人才。教育机构可以开设相关课程,让学生了解绿色金融、普惠金融等领域的发展趋势。金融企业可以与教育机构合作,开展实践项目,增强学生的社会责任意识和提高学生的实践能力。

(七)人才培养需求提高

随着金融业发展日新月异,对人才的需求也在不断提高。金融机构需要招聘具备跨学科知识、创新能力和国际视野的专业人才。产教融合应关注人才培养模式的创新,以更好地满足金融行业的发展需求。教育机构和金融企业可以共同探索新的人才培养模式,如实施校企合作项目、开展双向人才交流等。这将有助于打造更加紧密的产教融合,提高金融人才培养的针对性和实效性。

(八)数据驱动决策

随着大数据技术的发展,现代金融行业越来越依赖数据驱动的决策。金融机构通过收集和分析大量数据,为风险管理、产品创新、客户服务等方面提供数据支持。数据驱动决策使金融机构能够更加精确地评估风险、满足客户需求,提高业务效率。产教融合应关注数据驱动能力的培养,帮助学生掌握数据分析、数据挖掘等技能。教育机构可以与金融企业合作,开展实际数据分析项目,提高学生的实践能力。

(九)跨界合作

产教融合应关注跨界合作,搭建金融业与其他领域的交流合作平台。金融企业可以与教育研究机构、政府部门、非金融企业等多方合作,共同推动金融创新与发展。教育机构可以鼓励跨学科研究,培养具有跨界知识和能力的金融人才。除了专业知识,金融人才还需要具备一定的软技能,如沟通能力、团队协作能力、领导力等。教育机构可以将这些软技能融入课程中,或通过实际项目、团队活动等方式培养学生的软技能。

(十)终身学习意识

鼓励金融人才养成终身学习的意识,跟上行业发展的步伐。教育机构可以开设在线课程、研讨会等,方便在职金融人才进行进修。金融企业也可以提供内部培训、鼓励员工参加专业培训等,以提升员工的专业素质。

总之,产教融合是现代金融人才培养的重要途径。教育机构和金融企业应共同努力,关注行业发展趋势,培养具备前瞻性和实践能力的金融人才,以推动金融行业的持续发展。

在接下来的章节中,本书将以金融产教融合为切入点,分析当前我国金融产教融合的现状、挑战与对策,并提出金融产教融合的实施建议,以期为金融产教融合的发展提供可行性指导和借鉴。

第二章

新文科背景下应用型本科金融类专业产教融合的发展及挑战

在新时代新需求的背景下,我国于 2018 年提出了"新文科"概念,并于 2019 年将"新工科、新医科、新农科、新文科"建设纳入本科教育改革及"六卓越一拔尖"计划 2.0。此举强调大力发展新文科,建设高水平本科教育,将人才培养的质量和效果作为检验高校办学水平的根本标准①。随着新一轮科技革命和产业变革的加速演进,经济社会对高层次创新型、复合型、应用型人才的需求更为迫切。在这样的背景下,应用型本科金融类专业教育面临着众多机遇和挑战。产教融合作为一种有效的教育改革策略,对于金融类专业教育的发展具有重要意义。本章将探讨新文科背景下应用型本科金融类专业产教融合的发展及挑战,并提出相应的策略建议,旨在为金融类专业教育的改革和发展提供有价值的思路和实践指导。

第一节 新文科背景下应用型本科金融教育的定位与目标

一、新文科的内涵及特点

新文科的出现是为了适应全球化和知识经济时代对人才培养的新要求。新文科主张跨学科、跨领域的交融发展,注重人文素养和科学素质的培养,强调创

---

① 商亮."六卓越一拔尖"计划 2.0:打造高等教育"质量中国"的战略一招[EB/OL].

新能力和创业精神的培养。2020年11月3日,教育部新文科建设工作组在山东大学召开新文科建设工作会议,会议研究了新时代中国高等文科教育创新发展举措,对新文科建设做出全面部署,发布了《新文科建设宣言》(以下简称《宣言》)。《宣言》要求:"推动文科教育创新发展,构建以育人、育才为中心的哲学社会科学发展新格局。鼓励支持高校开设跨学科跨专业新兴交叉课程、实践教学课程,培养学生的跨领域知识融通能力和实践能力。"①新文科教育理念的提出,对于培养复合型、应用型人才具有重要意义。

二、新文科背景下的应用型本科教育发展趋势

随着新文科背景下的高等教育呈现多元化、个性化、实践化和创新化的发展趋势,高校需要调整课程设置,注重人才培养模式的创新,增强学生的实践能力,培养学生的创新精神。国务院学位委员会和教育部在2022年7月发布的《研究生教育学科专业目录(2022年)》中,对学科专业设置进行了重要调整。交叉学科作为一个门类正式"入驻",下设7个一级学科,为"新文科"建设和人才培养带来了巨大机遇,体现了学科深度交叉融合的趋势。

在这种背景下,应用型人才作为一种与"学术型"人才或"研究型"人才不同的人才,应具备以下属性和特征:

职业性,即应用型人才应有职业规划或追求,进行系统性的职业准备,而非仅掌握模糊的理论知识。

专业性,即应用型人才不仅需要具备通识教育基础,更应注重专业性教育,在某个领域具备思辨、执行和创新的素养和能力。

社会性,即应用型人才培养需强化对国家、地方重大需求的服务导向,与教育链、产业链、创新链和人才链紧密衔接。

发展性,即应用型人才培养需构建举一反三、观往知来的思维结构,培养发掘、运用和创造知识的能力,将创新素养教育融入培养过程。

从"传递知识"到"解决问题"既是"新文科"建设的使命,也是应用型人才培养的逻辑。培养应用型人才需要突破传统学科框架,介入社会现实和生产服务的实际需求,打破传统知识体系、原有思维模式和先学后用的培养方式,谋求人才培养模式的变革、倒置甚至流程再造教育资源,是重新构建人才培养模式的一个必然选择。

---

① 董鲁皖龙.中国新文科建设宣言发布[EB/OL].

三、新文科背景下应用型本科金融类专业教育的多元培养方向

在新文科背景下,应用型本科金融类专业教育需要重视跨学科思维、人文素养和创新与创业能力等多个方面的培养。具体而言,有以下几个方面:

(一)跨学科思维

跨学科思维是指具备多学科知识体系,能够运用不同学科的知识和方法解决问题的思维模式。在金融类专业教育中,强化跨学科思维的培养有助于学生更好地理解金融现象、分析金融问题并提出解决方案。具体措施包括:开设涉及经济学、数学、计算机科学等相关学科的课程,使学生在金融专业知识的基础上掌握其他学科的基本知识和方法;鼓励学生参与跨学科研究项目,提高学生运用多学科知识和方法解决问题的能力;加强团队协作能力培养,让学生在跨学科团队中学会沟通、协作和共同解决问题。

(二)人文素养

人文素养是指具备一定的人文知识、审美能力、道德修养和人际沟通能力。在金融类专业教育中,培养学生的人文素养有助于提升其综合素质,使其更好地适应社会和职场需求。具体措施包括:开设涉及哲学、历史、文学、艺术等人文学科的课程,拓宽学生的人文知识视野;注重培养学生的道德修养,强化职业道德和社会责任意识;举办各类人文讲座、论坛和活动,激发学生的人文兴趣和关注社会现象的能力。

(三)创新与创业能力

创新与创业能力是指具备创新思维、批判性思考和创业精神的能力。在金融类专业教育中,培养学生的创新与创业能力有助于提升其解决问题和适应市场变化的能力。具体措施包括:在课程设置中,加强创新思维和批判性思考能力的培养,鼓励学生提出新颖的观点和解决方案;开设创新与创业相关课程,如创新管理、创业策划等,培养学生的前瞻性和创新性思维;设立创新创业实践基地,提供实践场景和资源支持,鼓励学生将理论知识应用于实际项目,锻炼创新与创业能力;举办各类创新创业比赛,培养学生在竞争中不断提升自己的创新与创业能力;加强与企业、金融机构的合作,为学生提供实习、实践和就业机会,让学生在实际工作中锻炼创新与创业能力。

综上所述,跨学科思维、人文素养和创新与创业能力等多个方面的培养,有助于塑造具备全面素养和良好创新能力的金融人才,满足社会和产业

发展的需求。高校应根据实际情况,制定相应的教育策略和实施措施,不断提升应用型金融人才的培养质量。

第二节 新文科背景下应用型本科金融类专业的课程与师资建设

在新文科背景下,应用型本科金融类专业的课程体系和师资队伍建设都需要进行相应的调整和改进,以适应未来金融行业的需求和发展。本节将重点从设置人文金融课程、开设跨学科课程、创新与创业教育、引进跨学科人才、加强师德培训、激励教师创新与创业等几个方面进行详细展开。

一、构建新文科背景下的金融课程体系

(一)强调道德、伦理和社会责任,设置人文金融课程

在新文科背景下,金融专业的课程体系需要注重人文素养的培养。其中,人文金融课程的设置是一个重要的方向。人文金融课程可以包括金融史、金融伦理、金融文化等内容。通过这些课程的设置,可以加强学生的人文素养,增强其分析问题的深度和广度。

金融史课程是人文金融课程中的一个重要组成部分,通过介绍金融业的历史发展和演变过程,可以让学生更好地了解金融业的发展脉络,掌握金融业的基本概念和术语,理解金融市场的运行规律,同时也可以拓宽学生的历史视野和文化素养。

金融业作为一个重要的经济领域,需要有一定的伦理规范和道德标准。金融伦理课程主要介绍金融活动中的道德和伦理问题,强调金融从业者应该具备的道德和职业操守。通过学习金融伦理课程,学生可以更好地理解金融活动的内在规律,增强对职业道德的认识,提高道德素养和加强职业操守,从而更好地为社会和经济发展做出贡献。

金融文化课程主要介绍与金融业相关的文化现象和文化背景,包括金融文化的形成和演变、金融文化的内涵和特点等。学生通过学习金融文化课程,可以更好地理解不同文化之间的差异和共性,拓宽文化视野,增强跨文化交流能力。

人文金融课程的设置还有助于培养学生的公民意识和社会责任感。金融行业对社会的影响非常大,因此,金融人才应该具备较高的公民意识和社会责任

感,关注社会公共利益,并为社会做出贡献。开设人文金融课程,可以帮助学生认识到自身在社会中的角色和责任,并使其在未来的职业生涯中承担起相应的社会责任。

总之,人文金融课程的设置对于培养具有全面素养和创新能力的金融人才具有重要意义。通过人文金融课程的开设,可以帮助学生建立全球化视野,拓宽人文素养,提高人际沟通和团队协作能力,并使其承担起相应的社会责任。因此,高校应该在金融类专业教育中加强人文金融课程的设置,使其成为金融人才培养中不可或缺的一部分。同时,教师也应该根据学生的实际需求和特点,灵活地设计教学内容和教学方法,使人文金融课程更具针对性和实效性。最终,通过全面的人文金融课程设置,可以为金融行业培养更加优秀的人才,为国家和社会的发展做出积极贡献。

(二)整合多学科资源,开设跨学科课程

在新文科背景下,应用型高校应鼓励支持开设跨学科、跨专业新兴交叉课程、实践教学课程,培养学生的跨领域知识融通能力和实践能力。这不仅有利于学生综合素质的提升,也有助于学生在未来的就业中更好地适应复杂多变的社会环境和跨领域的工作需求。

第一,开设跨学科课程有利于拓宽学生的知识视野。随着经济全球化的发展和科技创新的不断推进,越来越多的领域之间出现了交叉和融合,因此,跨学科课程的开设可以帮助学生拓宽视野,学习到更广泛的知识和技能。例如,在金融类专业中,学生需要掌握经济学、财务管理、市场营销、金融法律等知识,但是这些领域之间并非完全独立,而是相互联系和影响的,因此,开设跨学科课程可以帮助学生更好地理解和应用这些知识,提升综合素质。

第二,跨学科课程的开设有助于培养学生的创新能力和实践能力。跨学科课程通常会涉及多个学科领域的知识,需要学生具备跨学科思维和解决问题的能力,这有助于培养学生的创新能力。同时,跨学科课程通常也会包含实践教学环节,例如实验、案例分析、实地考察等,这有助于培养学生的实践能力。实践教学可以帮助学生将理论知识应用到实际问题中,提升解决问题的能力和丰富实践经验,同时也有助于学生更好地理解和掌握课程内容。

第三,跨学科课程的开设可以促进学校内部和学科之间的交流和合作。随着新文科的发展和应用型人才培养模式的改革,高校内部学科间的界限逐渐模糊,需要通过跨学科的交流和合作实现知识和资源的共享和协同。例如,金融类专业学生可以与计算机科学、数据科学、人文学科等其他专业的学生一起参加跨学科项目或科研项目,加强彼此之间的理解,从而实现知识的融通和创新。同时,学生在跨学科课程中也可以结交不同专业领域的同学,拓展人脉和交流。

第四,跨学科课程也可以帮助学生更好地理解金融领域中的现象和问题,从多个学科的视角进行分析和解决问题,具有更为广阔的思考和创新空间。例如,在金融领域中,随着金融科技的迅速发展,数据科学和人工智能在金融领域的应用日益广泛,这就需要金融类专业的学生具备跨学科知识和技能。如果只从单一的金融学科进行培养,很难全面了解相关技术的应用和潜力,也难以适应金融领域的快速发展。因此,加强跨学科课程的开设,对于培养金融类专业的学生跨领域知识的融通能力和实践能力具有重要的意义。

在跨学科课程的开设中,高校应该结合本校实际情况,根据学科和专业的特点,制定相应的课程设置和教学模式。一方面,课程的内容和形式应该符合金融类专业学生的学科需求和职业要求,兼顾专业性和综合素质培养,体现学科的前沿性和实践性。另一方面,应该充分考虑不同学科之间的差异,注重从多个学科的视角出发,为学生提供多样化的教育资源和体验,培养他们跨领域知识的融通能力和实践能力。例如,可以通过采用跨学科研究项目、实践教学课程等方式来促进不同学科之间的交流和合作。

值得注意的是,跨学科课程的开设需要充分考虑学生的实际情况和需求,因此需要根据学生的不同背景和兴趣进行分类教学。例如,一些学生可能对金融领域的技术和创新更感兴趣,那么可以提供一些针对金融科技、金融工程等方向的跨学科课程;而一些学生可能更关注金融市场和投资,可以提供跨学科课程中的经济学、市场营销等相关课程。因此,在开设跨学科课程时,应该充分考虑学生的不同需求和兴趣,为他们提供多样化的选择和机会。

二、加强创新与创业教育,融入课程体系和改革教学方法

在新文科背景下,应用型本科金融学专业应该重视创新与创业教育,将创新与创业理念融入课程体系和教学方法,培养具备创新精神和创业能力的金融人才。

(一)融入课程体系

为了加强创新与创业教育,高校应在课程体系中设置专门的创新与创业课程,如创新思维、创业管理、创业金融等,传授学生创新与创业的理论知识和实践技能。同时,也应将创新与创业理念融入其他专业课程,使学生在学习金融知识的过程中,养成创新思维,提高创新能力。

此外,高校还可以开设跨学科的创新与创业课程,如金融科技创新、大数据与金融创新等,培养学生的跨学科创新能力。这些课程应结合金融行业的发展趋势和实际需求,关注金融技术的创新与应用,使学生了解金融领域的创新机遇和挑战,增强其创新与创业能力。

(二)改革教学方法

创新与创业教育不仅需要在课程设置上进行调整,还需要改革教学方法,提高教学效果。高校应采用以学生为中心的教学方式,如案例教学、项目式教学、团队合作等,激发学生的创新思维,培养其解决问题的能力。在教学过程中,教师应注重培养学生的创新意识,鼓励他们提出新的观点和想法,积极参与课堂讨论,锻炼其独立思考和批判性思维能力。此外,教师还应关注学生的实际创新与创业实践,引导学生将理论知识应用于实际情境,提高其实践能力。

(三)加强实践环节

创新与创业教育需要强化实践环节,培养学生的实践能力和创新精神。高校应积极与企业、金融机构建立合作关系,为学生提供实习、实践、创新项目等机会,使学生能够在实际工作环境中学习和锻炼。同时,高校还可以组织创新与创业竞赛、创业沙龙、讲座等活动,鼓励学生参与创新项目。

此外,高校应关注学生的创业实践,提供创业辅导、创业基金、创业孵化器等支持,帮助学生将创新理念付诸实践,培养其创业能力。高校还应与创业企业、创投机构等合作,为学生提供创业实习、创业项目等机会,使学生在实际创业过程中积累经验,提高其创业成功率。

(四)建立激励机制

为了激发学生的创新与创业积极性,高校应建立有效的激励机制。一方面,高校可以设立创新与创业奖学金、荣誉称号等,表彰在创新与创业方面表现优秀的学生,激励他们继续努力。另一方面,高校还应完善学分认定、毕业要求等制度,将学生的创新与创业成果纳入教育评价体系,让学生在创新与创业方面的付出得到认可和肯定。

三、完善师资队伍结构,引进跨学科人才

在新文科背景下,金融学专业应引进跨学科人才,完善师资队伍结构,从而促进教育教学改革和发展。以下是引进跨学科人才所需关注的几个方面:

(一)明确引进跨学科人才的目标

高校在引进跨学科人才时,应明确人才引进的目标,以便有针对性地进行招聘。引进跨学科人才的目标应包括丰富学科交叉领域的教学内容,提高教学质量,推动教育教学改革,以及促进学科间的合作与交流。明确目标有助于高校在人才引进过程中更加精准地选择适合的候选人。

(二)优化招聘策略

为了吸引优秀的跨学科人才,高校应优化招聘策略,充分展示自身的学术优势和发展潜力。首先,高校应在招聘信息中明确跨学科人才的需求,包括所需的学科背景、研究方向、工作经验等。其次,高校应提供具有竞争力的薪酬待遇和发展空间,吸引优秀人才加入。此外,高校还可以通过参加国内外人才招聘会、建立合作关系、邀请访问学者等方式,拓宽人才引进的渠道。

(三)强化培养与激励

引进跨学科人才后,高校应加强对这些人才的培养与激励。首先,高校应为跨学科人才提供良好的工作环境和学术氛围,支持他们在教学、科研等方面的工作。其次,高校应建立激励机制,如设立科研项目、奖励基金等,鼓励跨学科人才在教育教学改革和发展中发挥积极作用。最后,高校还应关注跨学科人才的职业发展,提供晋升、培训等机会,激发他们的工作热情。

(四)推动学科间的合作与交流

引进跨学科人才有助于推动学科间的合作与交流。高校应以引进跨学科人才为契机,鼓励不同学科的教师团队进行合作研究、共享教学资源、共同开发新的课程等。此外,高校还可以定期举办学术研讨会、交流活动等,促进教师间的学术交流,拓宽各学科的发展视野。

(五)加强跨学科课程建设

引进跨学科人才后,高校应加强跨学科课程建设,以满足金融学专业在新文科背景下的教育教学需求。高校应充分利用跨学科人才的专长,开发涉及金融与其他学科交叉领域的课程,如金融科技、数据分析与金融、金融法律等。这些课程有助于拓宽学生的知识结构,提高其跨学科知识的融通能力,培养应用型金融人才。

(六)促进教育教学改革

引进跨学科人才有助于促进教育教学改革。高校应借鉴跨学科人才的经验与视角,推动教育教学改革,以满足新文科背景下的教育需求。具体措施包括改革教学内容与方法,关注学科交叉领域的知识更新与技能培养;加强实践教学,引导学生关注实际问题,培养其解决问题的能力;完善评价体系,将跨学科知识与能力纳入学生的教育评价范畴。

四、加强师德培训,提升教师职业道德素养

在新文科背景下的应用型本科金融学专业教育中,师德培训成为教育质量和人才培养的关键因素。以下是关于加强师德培训的几个方面的详细论述:

(一)建立完善的师德培训体系

高校应建立一套完善的师德培训体系,确保教师具备良好的职业道德素养。这一体系应包括职业道德准则、教育教学规范、教育教学行为规范等方面的内容。此外,高校还应定期组织师德培训活动,对教师进行职业道德教育。

(二)强化师德教育课程设置

为了提高教师的职业道德素养,高校应将师德教育纳入教师培训课程,通过系统的课程学习,使教师深刻理解师德的内涵和重要性。师德教育课程可以包括师德理论、案例分析、实践教学等内容,帮助教师全面了解职业道德要求,提高其职业道德素养。

(三)实施师德榜样培育计划

高校应重视培养师德榜样,通过设立师德榜样培育计划,激励教师积极参与师德培训,提高教师的职业道德素养。师德榜样培育计划可以包括定期评选优秀教师、举办师德论坛、邀请师德榜样进行交流等活动,以推动教师之间的相互学习和提升。

(四)加强师德评价机制

高校应加强师德评价机制,将师德纳入教师绩效考核体系,对教师的职业道德表现进行全面评价。具体措施可以包括定期开展师德考核、建立师德档案、实行师德问责制等。通过加强师德评价机制,可以促使教师更加重视职业道德,从而树立良好的师德榜样。

(五)营造良好的师德教育氛围

高校应积极营造良好的师德教育氛围,强化师德意识,提高教师的职业道德素养。具体举措包括加强校园文化建设,传播师德理念,举办各类师德教育活

动,以及鼓励教师参加社会公益活动等。通过营造良好的师德教育氛围,有助于提高教师的职业道德认同感和归属感。

(六)加强与社会的互动与合作

高校应加强与社会的互动与合作,为教师提供更多的实践机会,帮助他们提高职业道德素养。具体措施包括开展产学研合作项目,邀请企业家和专家进行现场教学,以及鼓励教师参加社会实践活动等。通过这些措施,教师可以更好地了解社会需求和行业动态,提高自身的职业道德素养。

五、激励教师创新与创业,提升创新实践能力

在当前的知识经济时代,激励教师参与创新与创业活动,提升教师的创新能力和实践能力显得尤为重要。以下措施有助于实现这一目标:

(一)建立完善的创新与创业支持体系

高校应该建立完善的创新与创业支持体系,包括设立创新创业中心、双创学院,提供创业孵化器、创新实验室等资源,为教师提供创新技术、市场信息、资金支持等方面的支持。此外,高校也应该加强与企业和产业界的合作,促进教师与产业界的深度融合,提高教师的实践能力。

(二)开展教师创新创业能力培训

高校应该开展教师创新创业能力培训,通过校本培训、专项进修培训等方式,提高教师的反思性教学能力和创新综合能力。同时,高校也应该设立奖项,激励教师参与创新创业活动,提高教师的创新竞争意识。

(三)加强创新创业项目管理和评估

高校应该加强对创新创业项目的管理和评估,建立科学的项目评估机制,对教师的创新创业项目进行全面评价。同时,高校也应该加强知识产权保护,保护教师的创新成果。

(四)加强与学生的合作

高校应该加强教师与学生的合作,鼓励教师带领学生团队进行创新创业实践。通过与学生的合作,教师可以更好地了解学生的需求和想法,提高教学质量和实践能力。

第三节　新文科背景下应用型本科金融类专业产教融合面临的挑战

在新文科背景下应用型本科金融类专业产教融合的发展过程中，产教融合面临的现实困境有以下几个方面：

一、顶层设计与执行落实的矛盾

在产教融合的过程中，顶层设计往往是宏观层面的规划与指导，而具体执行则涉及实际操作层面。然而，现实情况中，顶层设计与具体执行之间存在着较大的落差，这种落差表现在以下几个方面：

（一）政策理念与实践操作的不一致

首先，在政策制定与执行层面可能存在脱节。尽管政府可能制定了一系列产教融合的政策，但政策执行层面的不完善或执行力度不够，导致政策理念与实践操作之间出现无法对接的情况。例如，政策鼓励企业员工参与职业教育，但缺乏具体的操作指南和补贴政策，导致企业员工参与度低。

其次，教育观念与政策理念之间存在差异。在一些高校中，仍然存在传统的、以学历为导向的教育观念。这种观念与产教融合的理念存在差异，导致教育实践难以与政策理念保持一致。例如，学校更注重学生的理论学习，而忽视与企业合作开展的实践教学。

再其次，企业利益与政策理念之间存在分歧。一些企业可能认为参与产教融合的成本较高，短期内难以看到明显效益。这种以利益为导向的企业观念与产教融合的政策理念相悖，进而影响到企业参与产教融合的积极性。

最后，资源配置不合理也是制约产教融合发展的因素之一。在产教融合的过程中，需要政府、企业和教育机构共同投入资源。然而，现实中往往存在资源配置不合理的情况，使得政策理念难以落到实处，例如政府投入不足、企业资源瓜分不均等问题。

（二）目标导向与实际需求的脱节

首先，不同行业的发展特点和人才需求可能导致政策在执行过程中遇到挑战。例如，政策支持的产业方向与实际市场需求不符，或者政策对企业的激励措施与行业现状不相适应。

其次,地区之间的经济发展水平和教育资源差异导致政策的执行效果受到影响。例如,一些地区的企业和学校难以享受到政策红利,从而影响产教融合的推进。

再其次,实际执行过程中,政策推进力度可能不足,导致难以实现预期目标。例如,政策提供的资金支持和税收优惠力度不够,使得企业和学校难以承担产教融合的成本。

最后,教育改革与政策不同步也是一个值得关注的问题。教育改革是一个长期、复杂的过程,如果没有及时跟进教育改革的实际进展,就可能导致政策在执行过程中遇到阻力,例如,政策要求学校改变人才培养模式,但未考虑到学校改革的难度和周期。

（三）系统协同与部门利益的不一致

教育部门和经济部门在政策执行过程中可能出现资源争夺、政策理解不一致等问题,导致政策的执行效果受限。此外,企业希望学校为其培养特定技能的人才,而学校可能更关注学生的全面素质教育,导致学校和企业在产教融合过程中可能存在利益冲突,致使合作困难。

同时,政策制定者、教育机构和企业之间缺乏有效的信息沟通渠道,多方难以准确了解彼此的需求,导致信息的不对称,从而影响政策执行。制度和法规不完善也是产教融合面临的现实困境之一,譬如,知识产权保护不力可能会导致企业不愿与学校共享技术成果,劳动合同制度不完善可能会使企业对招聘实习生或毕业生持保守态度。

二、校企合作模式尚不成熟

在新文科背景下,应用型本科金融类专业产教融合是推动行业发展的重要途径,而校企合作是实现产教融合的关键环节。然而,目前校企合作模式尚不成熟,具体表现在以下几个方面:

（一）校企合作中的权益分配问题

利益分配机制不完善:在校企合作中,双方之间的利益分配问题尚未得到很好的解决,导致权益得不到保障,影响了合作的稳定性和持续性。为此,可以通过明确权益分配规则、建立有效的奖惩机制等方式来解决这一问题。

知识产权问题：在校企合作中，知识产权的归属和保护也是一个重要问题。高校和企业之间在知识产权方面的认识和协商存在差异，容易产生纠纷和争议。因此，应该建立合理的知识产权保护机制，明确双方在知识产权方面的权利与义务。

（二）双方利益目标的协调难题

协同效应不足：高校和企业在校企合作中往往存在着不同的目标、利益和管理模式等差异。高校更注重学术成果和人才培养，而企业更关注短期的经济效益。这些因素可能导致双方之间的沟通和协调出现问题，进而影响到合作效果。为此，需要加强高校与企业之间的沟通和交流，增强双方的协同效应，提高合作效率。

（三）企业对于参与人才培养的积极性不高

缺乏长远的战略思考：部分企业过于关注短期利益，忽视了与高校的长期合作对于自身发展的重要性，这使得企业在人才培养方面的投入较为有限，不利于校企合作的深入发展。因此，应该加强宣传和教育，让企业更加认识到与高校合作的长远价值，并通过多种方式鼓励企业参与人才培养、创新创业等活动。

缺乏合作经验：许多企业在与高校合作方面缺乏经验，不清楚如何有效开展合作。这导致企业在参与人才培养过程中存在困惑和挑战，从而影响合作效果。为此，可以加强企业的培训和指导，帮助企业更好地了解校企合作模式和方法，提高其参与合作的积极性，进而取得更好的效果。

三、课程体系与实践能力培养的不适应

金融类专业的课程设置通常偏重于理论知识，而在实践能力培养方面较为薄弱。产教融合要求学校在培养金融类人才时，加强与金融企业的合作，使学生更好地掌握实际操作技能，提高就业竞争力。然而，目前很多高校在调整课程体系方面还存在着诸多问题，如课程内容与企业需求不匹配、实践教学环节设置不足等。

尽管大学金融专业课程内容通常涵盖了金融理论和实践，但在实践中，学生往往会发现自己缺乏必要的实践技能和经验。这一现象在新文科背景下尤为突出，因为新文科注重实践、实用和创新，而传统的金融课程往往更加注重理论和分析。

首先，金融专业的课程应该更多地关注实践教学。理论课程可以帮助学生建立一定的金融知识体系，但仅仅掌握理论知识是远远不够的。学生需要在实

践中运用所学知识,并且需要从实践中获取更多的经验。因此,金融专业的课程应该更多地关注实践教学,包括模拟交易、实践课程、实习等,以帮助学生将所学的理论知识运用到实践中。

其次,金融专业的课程设置也需要更加贴近实践。传统的金融课程通常更加注重理论和分析,而忽略了实践应用。但在新文科背景下,这种课程设置已经不能满足学生的需求了。学生需要掌握的技能和知识已经远远超出了传统课程的范畴。因此,金融专业的课程设置需要更加贴近实践,包括实践操作、金融工具使用、案例分析等,以帮助学生更好地理解和掌握实践中的知识和技能。

再其次,学校应该与企业合作,共同培养金融人才。在新文科背景下,产教融合已经成为教育改革的重要方向。通过与企业合作,学校可以更好地了解企业的实际需求,为学生提供更加实用的课程设置和实践教学。同时,企业可以为学生提供更多的实践机会,帮助学生更好地了解金融行业的实际运作。

最后,金融专业的课程设置和实践教学需要不断调整和更新,以适应行业发展和市场需求的变化。学校应该密切关注金融行业的最新发展动态,不断更新课程设置和实践教学内容,以提高学生的实践能力和竞争力。

四、金融类专业产教融合的监管难题

在产教融合的政策制定方面,监管部门需要充分考虑金融行业的特点和风险,制定切实可行的政策措施。然而,现实中,政策制定可能过于理想化,忽略了金融行业的实际需求和行业特点,导致政策难以落地。此外,政策制定过程中的信息不对称和利益诉求冲突也可能导致政策效果受限。

(一)政策实施和执行方面

政策实施和执行方面有待进一步完善,主要体现在提升监管力度、优化监管资源分配及加强监管协同等方面。首先,监管部门需要努力对企业和高校进行有效的监管,保障政策的落实,但现实中金融行业的复杂性和不确定性可能超出了监管部门现有的监管能力,导致一些不合规行为难以被及时发现和制止。其次,政府部门应该根据金融行业的风险特点和产教融合的实际需求进行科学的监管资源分配,但现实中监管资源分配可能还有改进的空间。最后,金融类专业产教融合涉及多个部门,如教育部门、金融监管部门等,这就要求各部门之间进行协同和合作。然而,在现实中,部门之间的信息共享和协同合作可能还有障碍,从而影响产教融合的监管效果。

(二)监管难题对产教融合的影响

上述监管难题可能导致产教融合过程中出现不合规行为,从而影响金融类专业人才的培养质量。具体表现在以下几个方面:

首先,监管不足可能导致企业和高校在金融知识体系的传授过程中,偏重某些领域的知识,忽略了其他重要领域的知识传授。这可能导致学生在金融知识体系上不够全面,影响了学生的综合素质和应对金融市场的能力。

其次,受到监管困境的制约,企业和高校在产教融合过程中可能难以充分实现实践教学,导致学生缺乏实际操作经验。这种情况下,学生在毕业后进入金融行业时可能需要更多的时间去适应压力。

再其次,监管困境可能导致企业和高校不够重视金融伦理和职业操守的教育。这将使得学生在进入金融行业后,容易受到金融市场不良风气的影响,从而影响整个金融行业的稳定和发展。

最后,产教融合过程中的监管困境可能导致企业和高校在培养学生的创新能力方面有所欠缺。这会影响到学生在金融行业的创新能力,限制金融行业的发展。

综上所述,在新文科背景下,应用型本科金融类专业产教融合面临着一些现实挑战,尤其是在监管方面的困境。为解决这些问题,政府部门和有关机构应加强政策制定、实施和执行方面的工作,以确保金融类专业产教融合的有效推进。同时,企业和高校也应积极配合政策执行,强化自身的责任意识,注重学生的全面发展,为金融行业培养更多高质量的人才。

五、学生就业观念转变的挑战

随着新文科背景下应用型本科金融类专业的不断发展,产教融合已成为提高学生就业竞争力的重要手段。然而,目前学生就业观念转变的挑战仍然存在。首先,传统观念认为金融类专业的就业前景好且薪资待遇较高,这种观念影响学生对个人发展和能力提升的关注度,使得学生过于关注短期利益而忽略长远发展。其次,在产教融合推进的过程中,金融类专业毕业生需要具备更强的实践能力和创新精神,但现有的教育体制和课程设置难以满足这一需求,导致学生在就业市场的竞争中表现欠佳。再其次,部分学生对于个人发展和能力提升的重要性认识不足,需要从单纯追求高薪向追求个人发展和提升个人能力转变,对于产教融合的意义和价值进行深入了解。最后,在就业观念转变的过程中,社会舆论和家庭观念可能会对学生产生较大的影响,学生可能会在就业时过分关注薪资待遇,而忽视个人发展和能力提升的机会。因此,需要全面加强产教融合的推进,通过提供更多的实践机会和创新教育,帮助学生转变就业观念,强化个人发展和能力提升的意识,使其更好地适应未来的就业市场。

六、金融行业发展趋势的不确定性

金融行业受到各种因素影响,如经济波动、政策调整、技术革新等,这使得应用型本科金融类专业的产教融合面临较大挑战。首先,宏观经济波动对金融行业的影响较大,行业发展往往会受到经济周期的影响。在这种情况下,应用型本科金融类专业教育需要不断调整,以适应行业的发展需求。其次,金融行业是受到政府监管较为严格的行业,政策调整对行业发展具有较大的影响。在政策环境不稳定的情况下,应用型本科金融类专业产教融合面临着更大的不确定性。最后,金融科技的快速发展给传统金融行业带来了颠覆性的影响。在这种背景下,应用型本科金融类专业教育需要及时跟进技术发展趋势,调整教学内容和方法,以培养适应金融科技发展的人才。

面对金融行业发展趋势的不确定性,应用型本科金融类专业的产教融合需要应对以下困难:首先是产业需求与教育培养之间的差距。由于金融行业发展趋势难以被准确预测,人才培养与产业需求之间往往存在差距。教育机构需加强与企业的沟通合作,以便及时调整课程设置和培养方案。其次,教学资源的不足也是一个重要问题。教育机构在有限的资源下,需要不断调整和优化资源配置,以适应金融行业发展需求。这要求教育部门与企业、政府等多方积极协作,共同推动产教融合的深入实施。最后,应用型本科金融类专业的教育改革滞后。面对行业发展趋势的不确定性,应用型本科金融类专业教育亟待进行积极改革。然而,改革往往面临诸多阻力,需政府、教育部门和企业共同努力,以推动教育改革的深入实施。

第四节 新文科背景下应用型本科金融类专业产教融合的实施策略

一、加强新文科理念的引导与普及

(一)宣传新文科背景下的教育理念,提高师生对新文科的认识和理解

在新文科背景下,教育理念需要与时俱进,以满足社会发展和经济转型的需求。为此,学校应该加大对新文科理念的宣传力度,借助网络平台、宣传栏、学术

报告等形式,向师生们展示新文科在教育领域的成功案例,并启发他们对新文科的思考。同时,学校还应当加强师生之间的互动交流,在座谈会、研讨会等形式中,鼓励师生分享自己在新文科实践中的体验和心得,共同探讨新文科背景下教育的未来发展,从而增进师生对新文科理念的认同感,同时也有助于激发师生的创新意识。

(二)结合金融类专业特点,明确新文科理念在金融教育中的应用方向

新文科理念在金融教育中的应用,需要充分考虑金融类专业的特点。首先,金融类专业注重实践性和应用性,因此,新文科理念应强调培养学生的实践能力和创新精神。首先,在课程设置上,应加强实践教学,如实习、实训等,让学生在实际操作中学会运用金融理论知识解决实际问题。其次,金融类专业具有跨学科性。新文科理念要求打破学科界限,培养学生的跨学科素养。这意味着在课程设置上要加入跨学科内容,如经济学、法学、数据科学、计算机等相关知识,以拓宽学生的知识视野,提高学生的综合素质。最后,新文科理念强调人文关怀,在金融教育中,我们应注重培养学生的社会责任感和职业道德。金融专业课程应该加入商业伦理、社会责任等相关内容,使学生在学习金融知识的同时,关注金融行业对社会的影响,培养具有良好职业道德和社会责任感的金融人才。

(三)通过举办讲座、培训等活动,从新文科角度探讨金融教育的发展路径

为了将新文科理念深入推广到金融教育的各个领域,学校应组织举办各类讲座、培训等活动,为师生提供了解新文科理念、分享实践经验的平台。例如,学校可以邀请新文科领域的专家学者,为师生带来前沿的理论研究成果和实践案例,启发师生对新文科理念在金融教育中的应用进行思考。此外,学校还可以邀请金融企业的专家和管理人员定期来校进行讲座分享、培训和指导,让学生深入了解金融行业的发展动态、技术创新和最佳实践。这将有助于提高学生的行业敏感性,培养学生的跨学科思维和创新能力。

同时,学校还可以通过开展教师培训,加强教师对新文科理念的理解和应用能力。培训内容可以包括新文科教育理念、教学方法、课程设计等方面,帮助教师更好地将新文科理念融入金融教育实践中。定期举办金融行业论坛和研讨会,邀请金融业内的专家、企业家和政策制定者分享行业动态、发展趋势和前沿技术,这将有助于师生了解金融行业的最新发展趋势,拓宽视野,增强与行业的

联系。此外,学校还可以鼓励学生参与新文科背景下的课题研究、实践项目、创新大赛等活动。这既能提高学生对新文科理念的认识,还有助于培养学生的实践能力、创新精神和跨学科素养。

二、构建新文科背景下金融类专业产教融合的具体策略

(一)完善产学研合作的相关法律法规

高校与企业出于不同目的进行合作时,可能会存在分歧,此时就需要外部力量来促进双方合作的顺利进行。政府作为产教融合的推动者,应当制定政策和法律措施来保障利益相关者的权益。借鉴其他国家的经验,我国政府应在已有的《中华人民共和国科学技术进步法》等法律法规基础上,进一步制定针对金融专业产学研合作的专门法律法规,明确校企双方的权利和义务,为合作提供明确的法律依据和保障。同时,加强知识产权保护体系建设,并建立完善产学研合作纠纷解决机制,为校企双方提供公平、公正、高效的纠纷解决途径,保障合作的顺利进行。在金融专业产教融合方面,政府应关注以下几个重点领域:

1. 数据安全与隐私保护

金融行业涉及大量敏感数据,政府应制定严格的数据安全与隐私保护规定,确保合作过程中金融数据得到充分保护。

2. 金融专业人才培养法规

政府应鼓励企业与高校深入合作,共同制定金融专业的课程体系、实训基地和实习项目。完善金融专业实习实训相关法规,保障学生在实践环节的权益。

3. 监管金融产学研合作风险

金融行业具有较高的监管要求,因此在产学研合作中,政府应加强对金融产学研合作项目的风险监管,防范潜在的金融风险,确保合作项目在合规范围内进行。

4. 鼓励金融创新与技术研究

政府应制定相关政策和法规,为金融科技创新提供法律支持和保障,鼓励金融企业与高校在数字货币、区块链、大数据分析等领域展开合作。

此外,政府还可以通过完善税收和财政支持政策,鼓励企业与高校进行产学研合作。例如设立专项基金,用于支持金融产学研合作项目,降低企业与高校合

作的成本和规避风险。政府还可以制定鼓励产学研合作的政策措施,如优先审批、奖励资金等,激励校企双方更加积极地参与金融专业产学研合作。

(二)构建推动产学研合作的政策与组织体系

有效的保障机制可以为产教融合的良好发展提供有力的支撑,从而减少高校与企业之间因信息沟通不畅、资源共享不到位而产生的分歧,进而促进产教融合的推进。我国高校普遍实施行政主导学校发展的治校模式,大多数采取学校行政推动设立产学研合作机构及校办产业的做法,存在制度不完善的问题,政策常常在不断变动,对于产学研合作也时热时冷,导致产学研合作水平和质量有待提高。为了促进高校的产学研合作,有必要加强相关制度及组织框架建设。

首先,高校可以建立一个金融产学研合作教育专家指导委员会,构建产学研桥梁。由金融业内的专家、企业家和政策制定者组成,成员具有丰富的行业经验和专业知识,能够为学院提供有针对性的建议和支持。该委员会负责对产学研合作项目进行综合评估、制定政策、审核和批准,并在实施期间进行监督,尽责审查。委员会还发挥其在融合发展规划、专业设置与调整、人才培养方案制订、课程与教材开发及双师型师资队伍建设等方面的咨询、协调、指导和评价作用,帮助学院更好地了解金融行业的需求和发展趋势,促进学院与金融行业的紧密合作。在课程设置方面,委员会将提供行业需求分析和推动课程创新,以确保课程内容紧密贴合实际需求,提高课程的针对性和实用性。在人才培养方面,委员会将制定具有针对性的人才培养目标和方案,并为学生提供实践指导和支持,以提高学生的就业竞争力和专业素质。在实践教学方面,委员会将协助学院开发实践教学资源和评估实践教学效果,为学生提供丰富的实践教学机会,提高学生的实践能力和创新精神。通过设立金融产业顾问委员会,学院将更好地满足金融行业的需求,为培养高质量的金融人才做出更大的贡献。

其次,在学校层面上组建专门机构进行产学研合作教育,整合相关资源,整合全职/兼职工作、社会合作教育、订单式教育和学徒制工作等机会,同时加强产学研合作平台的建设,积极推行产学研合作组织和研究机构的建立,为产学研合作提供服务,如建立职业服务数据库、提供资金、组织学术交流活动、促进技术转移,以及由学校和中介组织合作分行业或专业学院进行紧密对接等。定期和不定期组织行业、企业和师生见面会,及时掌握社会需求,培养适应社会需求的专业人才。要在学校层面上组建专门的机构开展产学研合作教育,统筹整合相关资源,将全职/兼职工作、社会合作教育、订单式教育、学徒制工作等工作机会整合起来。学校与金融企业共同开展双向人才培养,根据企业的需求,为学生提供定向培养、订单培养等方式。同时,企业也可为学生提供优质的实习、就业机会,使学生的职业发展更加顺畅。引入企业导师制度,邀请金融企业的专业人士担任学生的导师。企业导师将指导学生完成实践项目,传授专业技能,帮助学生了解行业动态,为学生提供职业规划和发展建议。与金融企业共建教师培训体系,定期组织教师参加企业的培训课程、研讨会和实地考察。这将有助于教师与企业专家共同进步,提高教师在新文科背景下的教学能力。

高校应积极筹建并鼓励外界参与建设实验室和实训基地、产业学院、创业孵化基地、大学科技园等研究中心,以提供经费支持、进行项目合作、加强知识转移、共同组织培训和建立研发联盟等方式进行深层次的产学研合作,并逐渐向国际产学研合作研究中心发展,以解决目前形式单一、内容单调和手段僵化的问题,进而促进地方经济发展。可借鉴早稻田大学建立创新研究中心的做法,如政府批准用地,由企业和校方共同组建合作基地,企业注入资金供运营开支,校方安排研究员和学生并提供设备和技术支持,校方按企业的要求设置培养方案为企业培训人才,并长期承担企业的培训及继续教育工作。在实验室和实训基地中开展以新文科背景为主题的实践项目,如金融数据分析、区块链技术等,使学生在掌握专业技能的同时具备跨学科素养和人文素质。

(三)推动面向产学研的教学改革

1. 科学合理地设置人才培养目标

面向行业和社会,科学合理地设置人才培养目标,使得人才培养目标更加关注学生能力发展与产业需求的吻合度。高等教育始终与产业变革相呼应,终身教育倡导学习是贯彻人一生的活动,培养目标因此围绕个人能力发展这一主线,但也要加强其产业需求的联系,满足国家产业调整和经济发展的需求。应用型本科院校在专业设置上应坚持以适应性、应用性和区域性为基本原则。其中,适应性主要指根据国家发展战略、区域产业结构变化及技术创新与发展做出适应性调整;应用性指专业设置针对社会生产、服务与管理领域,设置职业导向的专业;而区域性的设置则要求以区域经济发展为目标,围绕着当地企业对高层次技术人才需求,设置具有地方经济特色的专业。应用型本科院校应通过行业、企业及就业市场调研,了解国家政策及区域经济发展、技术创新及发展趋势,据此设置职业导向的专业,不仅重点建设新兴交叉产业专业,同时也努力升级改造传统产业相关专业,以满足社会对高层次技术人才的需求。

2. 推进课程改革,构建多元化、跨学科的课程体系

首先,在课程设置和内容上,应充分考虑金融专业的实践性、应用性、跨学科性和人文关怀等特点。为此,金融教育应在原有的金融理论基础课程之外,加入更多与实际金融业务相关的课程,如金融市场分析、风险管理、投资银行业务等。同时,注重培养学生的创新精神和批判性思维能力,使其具备分析和解决复杂金融问题的能力。其次,金融类专业具有明显的跨学科性。为培养具备跨学科素养的金融人才,课程体系应加入跨学科内容,如经济学、法学、数据科学、计算机科学等相关知识。在经济学方面,可以加入宏观经济学、微观经济学、国际经济学等课程,使学生在学习金融知识的基础上,能更好地把握经济运行的规律。在法学方面,应加入金融法律法规、金融监管等相关课程,使学生具备一定的法律素养,了解金融行业的法律约束和监管要求。在数据科学和计算机科学方面,应设置数据分析、编程语言、人工智能等课程,以提高学生的数据处理和分析能力,使其能在金融行业中更好地运用数字技术。最后,金融类专业的实践性和应用性十分突出。为培养具备较强实践能力的金融人才,教育部门和高校应重视实践教学,设置实践课程和项目。譬如,在课程设置中增加模拟交易、金融产品设计、金融创新等实践性强的课程,使学生在模拟真实金融市场环境中锻炼自己的实践能力;鼓励学生参与金融领域的课题研究,培养学生的独立思考和创新能力。通过参与课题研究,学生可以在指导教师的帮助下,对金融领域的热点问题进行深入研究,从而提高学生的实践能力和科研水平;通过小组讨论、课程设计、案例分析等形式,培养学生的团队协作能力和沟通能力。金融工作往往需要跨部门、跨领域的协作,学生在团队协作中可以提高自己的协调和沟通能力,为将来进入金融行业奠定基础等。

3. 开展面向产学研的教学改革项目

为了推进新文科在金融教育中的应用,学校将与金融企业开展合作办学项目、研究项目合作、实习和实践项目、科研项目及竞赛和活动。合作办学项目将邀请企业参与课程设置、教学实施和实践教学等环节,企业将提供实际案例、技术支持和实习实训机会,让学生在学习过程中紧密接触实际金融业务,提高实践能力和创新精神。研究项目合作将促进教师与企业专家的交流互动,提高教学质量和研究水平。学生将有机会参与金融企业的实习和实践项目,运用金融理论和跨学科知识解决实际问题,提高实践能力。此外,校企合作的科研项目将有助于学校教师与企业专家共同进步,同时为企业提供智力支持和人才储备。最后,学校与金融企业还将共同举办新文科背景下的金融竞赛和活动,激发学生的创新精神和团队协作能力,增强学生与企业的互动,为企业发掘潜在人才。

4. 优化师资队伍结构，提高教学质量

首先，引进具有丰富产业经验和学术背景深厚的专家教师。金融专业作为一门实践性强、理论与实践紧密结合的专业，对师资队伍的要求非常高。为了提高教学质量，学校应积极引进具有丰富产业经验和优秀学术背景的专家教师。这些教师既能为学生传授专业知识，还能分享实际工作中的经验和案例，帮助学生更好地理解金融理论与实际操作的关系。同时，专家教师还能为学院与企业之间的合作搭建桥梁，促进产教融合的深入发展。

其次，加强教师队伍建设，提高教师的教育教学能力和学术研究水平。教师队伍建设是提高教学质量的重要保障。学校应该制定科学合理的教师招聘、选拔、评价和激励机制，吸引更多优秀人才投身金融教育事业。为了提高教师的教育教学能力，学校应鼓励教师参加国内外学术会议、讲学、访问等活动，拓宽视野，提升学术研究水平。同时，学校还应加强与其他高校和研究机构的合作，促进教师之间的交流与合作，共同探讨金融教育的发展方向。

再其次，实施教师继续教育与培训计划，及时更新教育理念和教学方法。随着金融行业的快速发展和新技术的不断涌现，教师需要不断更新教育理念和教学方法，以满足社会和行业的发展需求。学校应定期组织教师参加专业培训和学术研讨会，学习掌握最新的金融理论、政策及技术。最后，学校还应鼓励教师探索新的教学方法和手段，如案例教学、翻转课堂、在线教学等，提高教学效果，激发学生的学习兴趣和积极性。

最后，教师应关注学生的个性化需求，针对不同学生的特点和发展需求，采取差异化教学策略。通过设置个性化的课程、课题、实践等，激发学生的主动学习意愿，培养学生的创新能力和实践能力。同时，教师还应重视学生的心理健康，关注学生的情感需求，营造一个和谐、愉快的学习氛围，助力学生全面发展。

5. 激发学生的创新精神与跨学科素养

在新文科背景下，培养学生具备创新精神和跨学科素养显得尤为重要。为此，我们需要从以下几个方面着手：

(1)通过完善课程设置和教学方法，培养学生的创新意识和创新能力

课程设置方面，除了传统的金融类核心课程外，还需要加入跨学科课程，如经济学、法学、数据科学、计算机等。这有助于拓宽学生的知识视野，培养他们具备跨学科思考的能力。同时，我们应引入创新教育课程，如创新思维、创业实践等，以培养学生的创新意识。在教学方法上，教师应采用案例教学、小组讨论、项

目实践等多元化的教学方式,以激发学生的学习兴趣和主动思考能力。此外,教师还应注重学生的个性化发展,关注他们在学术和创新方面的特长和兴趣,提供针对性的指导和支持。

(2)举办各类学术竞赛和创新实践活动,提高学生的实践和创新能力

学校应组织各类学术竞赛和创新实践活动,如金融建模大赛、创业大赛、实验室项目等。这些活动旨在将学生从课堂引导到实际应用场景中,让他们在解决实际问题的过程中锻炼创新和实践能力。参与这些活动的学生可以在实践中深化对金融理论知识的理解,同时提高团队协作、沟通表达和项目管理等综合素质。此外,优秀的竞赛和创新项目也可为学生提供展示才华的舞台,提高他们在求职和学术发展方面的竞争力。

(3)创设良好的学术氛围和学习环境,鼓励学生跨学科学习和交流

学校应以学术为导向,创设一个充满活力和创新精神的学术氛围。定期举办学术报告、讲座、研讨会等活动,邀请国内外知名专家学者分享最新的研究成果和行业动态,激发学生的学术兴趣。此外,学校还可以设立跨学科交流平台,鼓励学生与其他专业的同学交流合作,培养他们跨界合作的能力。在学习环境方面,学校应提供丰富的学术资源和实践场所,如图书馆、实验室、创新实践基地等。这些设施不仅能满足学生的学术需求,还可为他们提供实践创新的空间。同时,学校还需关注学生的心理健康和生活品质,通过举办各类文化活动、社团活动等丰富学生的课余生活,提升他们的幸福感。

6. 以能力为导向,确立多样化的考核评价体系

通过确立以能力为导向的多样化考核评价体系,查找产教融合发展过程中的问题,进而提升产教融合的效益和效率。应用型本科教育以形成学生的高阶职业能力为宗旨,因此在学生学业评价上,需要将高阶职业能力分解为各科目的具体能力,并体现在评价目标上。为了考核学生对知识技能的掌握,以及运用知识与技术解决实际问题的能力,应从经济、社会、生态的视角出发,设计整体性和综合性的任务作为评价题目。此外,还需要选择适合的评价方法,除了常规的考试方式,还应增加测评学生职业能力的考核方式,如项目工作、专题报告、反思报告等,重点考查学生创造性解决实际问题能力、反思能力、表达能力及团队合作协调能力,从而促进学生职业能力发展。

(四)提高研究者的产学研合作意识

除了提高知识产权意识、增加专利申请机会和论文发表等业绩的直接效果,

产学官合作还带来了更为重要的内部效果，如促进教研活动活跃、提高研究的开放性、开拓新的研究课题和将研究延伸至新领域等。因此，高校教师应加强对产学研合作意识的认识，并积极挑战新事业、新技术的商品化和体验研究成果的社会还原等。此外，研究者还应重新思考自身研究成果和活动主题，积极与产学研合作负责部门联系洽谈，以实现与产业界或政府活动的衔接。学校还应充分利用校友资源，邀请金融行业的校友回到母校开展讲座分享、实践指导和项目合作，为学生提供实习实训和就业机会，加强学院与金融行业的联系。同时，学校还可以设立校企合作奖学金，鼓励金融企业设立奖学金，支持在学术成绩、创新能力和实践表现方面优秀的学生，以激励学生在新文科背景下努力学习，培养跨学科人才，同时加强学生与企业的联系。

通过以上策略，将努力实现产教融合，培养新文科背景下的金融专业素养、跨学科能力和实践能力的人才，为金融行业发展贡献力量。

本章以金融产教融合为切入点，分析了当前我国金融产教融合的现状、挑战与对策，并提出了金融产教融合的实施建议。本章认为，金融产教融合是新文科背景下应用型本科金融类专业人才培养的重要途径，也是高校服务国家战略和地方经济社会发展的有效方式。为了推进金融产教融合，需要从政策支持、平台建设、机制创新、质量保障等方面进行系统设计和协同推进，形成"政产学研用"多方共赢的良性格局。同时，需要借鉴国内外先进经验，结合本土实际，探索适合自身特色和发展阶段的金融产教融合模式，打造具有鲜明特色和优势的金融类专业群。在接下来的章节中，本书将以福建江夏学院金融学院为例，深入分析其在金融产教融合方面的理念、策略、机制、模式、路径、效果等多个层面的探索与实践，以期为其他高校和专业提供一种可借鉴的金融产教融合范式。

第三章
福建江夏学院金融学院产教融合实践案例分析

当前,高校教育面临着前所未有的挑战,其中之一是如何将教育与产业有效融合,为学生提供更具实践性的人才培养模式。产教融合作为一项创新的教育改革措施,已成为许多高校探索的重要方向。本章将以福建江夏学院金融学院为例,探讨其产教融合实践经验,分析其办学特色、实施模式及创新成果,并针对产教融合过程中的挑战和前景提出相应的见解。本章旨在为其他高校开展产教融合提供有价值的参考和借鉴,同时为福建江夏学院金融学院今后的发展提供有益的启示。

第一节 福建江夏学院金融学院的办学特色与产教融合背景

一、福建江夏学院金融学院简介

福建江夏学院是福建省人民政府创办的一所省属全日制普通本科高校,办学历史可追溯到1957年,由福建经济管理干部学院、福建财会管理干部学院、福建省政法管理干部学院和福建金融职业技术学院合并组建而成。学校秉承"博学于文、修身以德"的校训和"创新、拼搏、包容、开放"的学校精神,致力于打造特色鲜明示范引领的区域一流应用型大学。

金融学院是学校最具特色和优势的二级单位之一,其办学历史可以追溯到1978年,当时是由中国人民银行总行直接创办的福建银行学校之一,也是全国十四所行属院校之一。随后,经过多次的变革和发展,先后改为福建金融管理干部学院、福建金融职业技术学院和福建江夏学院,现已成为一所以金融类专业为主体,涵盖经济、管理、法律等多个学科门类的综合性学院。迄今为止,学院共培养和输送了4万多名金融、经济等领域的专门人才,其中副厅级以上金融机构干部超过40人,享有"福建省银行家摇篮"的美誉。

学院拥有一支师德师风优良、教学经验丰富、科研能力较强的师资队伍,现有教职工87人,其中教授6人,"闽江学者"讲座教授3人,副教授31人,博士(含在读)20人,其中全国优秀教师1人,省级人才4名,全国金融院校百名优秀教师3人。学院位于月牙湖畔,拥有独立的教学办公楼,独立的省级平台研究场所和博士工作站,实验中心拥有9间专业实验室,总面积约1 500平方米。

目前,金融学院下设金融系、投资系、保险系、统计系,开设金融学、金融科技、数学与应用数学(保险精算方向)、经济统计学、投资学、金融工程、保险学等7个本科专业。其中,金融学获批为国家一流本科专业建设点,投资学为省级一流本科专业建设点。目前,学院在校生有1 700余人。此外,自2017年起,金融学院与福州大学、福建师范大学、福建农林大学联合培养金融学硕士研究生,旨在协同优势资源,开展更深入的教育合作,并培养更多高素质金融人才,为社会和地方经济发展做出积极贡献。

二、产教融合背景下金融学院的发展定位与目标

产教融合是指高等教育机构与产业界紧密合作,实现资源共享和优势互补,在课程设置、教材编写、教师培训、实践教学、科研创新等方面提高教育质量和适应社会需求。在国家层面,产教融合被视为推动高等教育转型发展、提升人才培养质量、促进经济社会发展的重要举措。同时,在新文科背景下,应用型本科高校面临着培养具有创新精神和实践能力的复合型人才的新要求。福建江夏学院金融学院作为应用型本科高校的重要组成部分,积极响应国家和地方政策导向,以产教融合为抓手,以服务地方经济社会发展为己任,在校企合作、课程体系、师资队伍、实践教学等方面进行了积极探索和有效实践。

学院的发展定位是以福建省区域特色和产业需求为基础,培养具有创新精神和实践能力的应用型本科金融类专业人才。除传统的金融学类专业外,学院开设了金融科技、数学与应用数学(保险精算方向)和经济统计学等专业,旨在培养复合型人才,能够掌握相关的理论知识和实践技能,以适应金融行业的需求。其中,金融科技专业旨在培养从事金融科技产品开发、运

营、管理等工作的人才;数学与应用数学(保险精算方向)专业旨在培养从事保险产品设计、风险评估、资产管理等工作的人才;经济统计学专业旨在培养从事经济数据采集、处理、分析等工作的人才。这种定位紧密结合了市场和地方经济的发展需求,能够更好地培养符合市场需求的金融类专业人才,并为地方经济提供有力支持。

学院的发展目标是打造一流的应用型本科金融类专业教育品牌,在国内外具有较高知名度和影响力;形成一支结构合理、水平优良、特色鲜明的师资队伍,在相关领域取得突出成果;构建一套完善的产教融合机制和体系,在校企协同育人方面走在前列;培养一批符合市场需求、满足社会期待、适应未来挑战的优秀毕业生,在就业创业方面取得显著效益。这些目标有着很高的远见性和可行性,不仅能够推动学院的发展壮大,也能为整个地方经济的发展提供源源不断的人才支持。

第二节 福建江夏学院金融学院产教融合的实施路径与案例

影响金融业高质量发展的短板是人才培养同质同构,弱项是产教融合浮于表面。为解决这一问题,福建江夏学院金融学院以建设示范性应用型本科高校为契机,率先开展了"三进阶、两融合、一转化"金融类应用型人才培养系统改革与实践,形成了高颜值、高质量、高声誉的"江夏方案"。该改革重构了完整的学科专业框架体系,深度开展了人才培养特质特构设计与改革工作,并建立了常态化高效的产教深度融合与校企无缝衔接机制。通过优化课程体系、加强基础与专业课程联系、建立多层次人才培养体系、以人才需求为导向建立合作机制、提供实习机会、建立产学研合作平台、促进高校间教育资源共享等具体实施策略,金融学院在专业链、产业链和联盟链三个方面的融合实践下,打造了同心圆的育人责任闭环链,最终实现了"化理论为德行,化知识为情怀"的目标,培养了价值观正确、业务素质过硬、有情怀、有担当的财富管理人才。福建江夏学院金融学院在人才培养和产教融合方面取得了显著成果,成为金融业产教融合的典范。本节将详细介绍该模式的具体实施策略与案例。

一、构造"专业链",打通人才培养通道

专业链是产教融合的关键载体,是人才培养的基石和核心。随着财富管理行业的蓬勃发展,人才培养亟须实现跨学科的融通与创新创业教育的协同发展,重塑一个跨学科内部循环与超学科外部循环协调发展的新型人才培养格局和机制,从而培养出创新型、复合型的人才。为此,金融学院以国家级一流专业金融学为核心,以投资学(省级一流专业)、保险学和经济统计学(金融分析)为相关专业,共同打造了一个面向普惠金融、金融科技及大资管时代的财富管理专业群。该专业群于2018年获得福建省示范性应用型专业群的认可,并被收录进《福建省本科高校应用型建设案例汇编》,发挥了示范和辐射作用。

在构建"专业链"的过程中,学院主要从以下三个方面进行了探索和实践:

(一)课程体系开发

学院依托国家级证券投教基地、福建省社科金融风险管理研究中心、福建省数字金融协同创新中心、福建省金融科技创新重点实验室、金融人才创新实验教学示范中心、财富管理运营与决策虚拟仿真实验中心等13个国家级、省级教学科研平台,将数据挖掘、区块链技术、大数据分析等10余门新工科课程融入专业群课程体系,促进了传统专业与产业核心技术的交叉融合。学院将职业标准嵌入课程体系,并采用从业资格证和职业技能等级认证(1+X)相结合的方式,在不同专业课程中融入职业标准。同时,以学科技能竞赛的能力和创新创业素养为目标,学院围绕"课、赛、创、证、岗"五大核心,推进系统化、协同化的课程体系建设。在课程体系开发中,学院注重以下几个方面的工作:

1. 对接行业需求

福建江夏学院金融学院通过与行业企业和协会的密切合作,及时了解行业动态和人才需求,并将其反馈到课程设置和更新中。例如,财富管理专业群根据行业需求,将理财规划师(CFP)、特许金融分析师(CFA)、金融风险管理师(FRM)等职业资格认证嵌入相关课程,并邀请行业导师参与授课和评价。投资学专业则针对量化投资领域的发展趋势和人才缺口,增设了数据挖掘、Python编程、量化策略研发等内容,并于2017年共建了福建省内首个投资学(量化投资方向)专业量化双创班,旨在培养懂得投资学理论、掌握计算量化模型构建及程序化交易编程的复合型高端投资人才。在课程设置方面,学院在保留了传统投资学专业课程的基础上,根据行业需求开设了量化编程、量化思维与交易系统构

建、量化技术分析、金融创新创业方法与实践等课程。这些课程由企业选派基金经理、交易员、策略分析师等行业精英全程授课,让学生直接接触行业一手资讯,并获得实战知识及技能提升。此外,学院还筛选有志于从事量化投资的学生,并致力于培养他们的投资策略计算机程序编写、金融建模与衍生品定价、量化策略研究与实施、金融信息与数据挖掘、金融IT产品设计开发与实施及风险管理等实践能力。这样的做法不仅符合市场需求,也能让学生更好地适应复杂多变的金融市场。投资学(量化投资方向)人才培养方案设计思路,如图3-1所示。

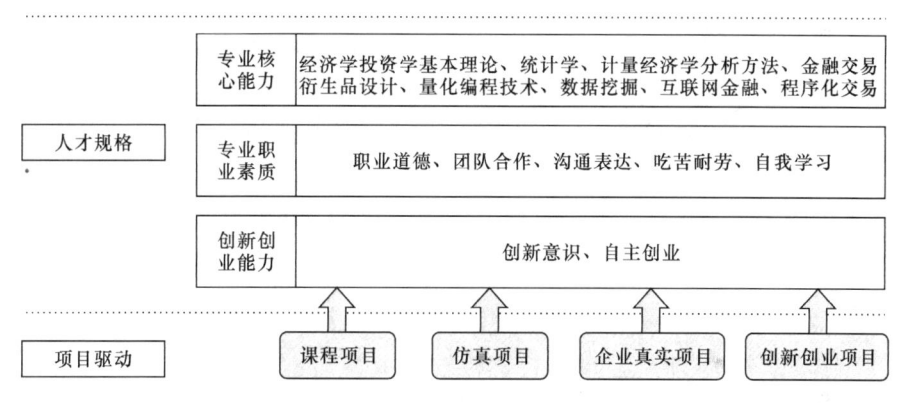

人才规格	专业核心能力	经济学投资学基本理论、统计学、计量经济学分析方法、金融交易衍生品设计、量化编程技术、数据挖掘、互联网金融、程序化交易
	专业职业素质	职业道德、团队合作、沟通表达、吃苦耐劳、自我学习
	创新创业能力	创新意识、自主创业
项目驱动	课程项目	仿真项目	企业真实项目	创新创业项目

图3-1 投资学(量化投资方向)人才培养方案设计思路

2. 整合多元资源

学院整合校内外各类教育资源,丰富和优化了课程体系的内容和形式。财富管理学院与各类金融企业开展了多项产教融合项目,包括"农信财富管理人才培养项目""期货人才培育项目""证券期货投资者教育进校园项目""暑期实习训练营"等。这些项目为学生提供了丰富的实践机会和就业渠道,可以接触到企业的真实业务场景和数据资源,参与到企业的管理和决策过程中,锻炼学生的专业技能和职业素养。

利用财富管理运营与决策虚拟仿真实验中心等平台,学院为学生提供了一个模拟真实金融市场的虚拟环境,让学生体验金融市场的运行规律和风险特征,并将其作为课程教学的重要辅助手段。此外,该平台还提供了量化投资的功能,学生可以通过编程语言(如Python)来实现自己的量化策略,并在平台上进行回测和优化。通过这种方式,学生可以将理论知识与实践操作相结合,提高自己的金融素养和创新能力。这些举措为学生提供了更多元化、更深入的学习资源,有助于他们更好地适应市场需求和未来发展。

3. 强化思政育人

学院通过建设"融·和"课程思政工作坊,将思政教育因子融入专业课程与实践,并挖掘专业课程的育人价值。该工作坊包括红色金融专区、课程思政大讲堂、案例库、研习会、交流沙龙和创新创业就业能力培训基地等平台和活动,旨在培养学生的综合能力、人文精神、科学精神及大学精神。同时,也提升了教师教书育人、立德树人的"教、育、立、树"能力。

通过参与"融·和"课程思政工作坊的各种活动,学生可以锻炼自己的学习认知、逻辑思维、社会实践、科研创新、团队协作、组织领导、口头表达与写作等综合能力。这些能力不仅有助于他们更好地完成专业任务,也能够使他们成为具备高度社会责任感和良好道德情操的优秀金融人才。此外,工作坊还加强了教师的思政育人能力,让他们更加注重学生的全面发展和思想引导,在课程教学中增添了更多人文关怀。这些措施使得学院的教育质量更加综合、健康、可持续。

(二)校企共设微专业

为适应新技术、新产业、新业态、新模式的发展需求,金融学院与企业合作开设了"智能量化投资"及"金融衍生品数据分析与风险管理"两个微专业供在校学生修读,同时鼓励本学院的学生参加电科学院的"大数据应用与智慧经济"和"数智化信息系统开发与应用"微专业,以推进"新文科"和"新工科"交叉融合建设。

微专业是指以就业为导向,围绕某个特定专业领域、研究方向或者核心素养,提炼开设的一组模块化核心课程,通过灵活、系统的培养,让学生具备相应的职业素养和专业能力,提高学生知识结构的复合性,提升与社会需求的匹配度。每个微专业含5~8门、15个左右学分课程,其中至少1门课程为校企合作课程。

1. "智能量化投资"微专业

金融科技是改善金融效率的经济行业,发展可分为信息化、互联网、移动化、智能化和全面变革五个阶段。目前处于智能化阶段,大数据、云计算、人工智能等前沿技术将进一步改造金融行业的各个环节,如营销、风险控制、投研、投顾、产品创新和客户管理。

量化金融是金融科技的重要分支,包括量化交易、量化研究、量化定价和量化风控等方面。国内量化基金市场在2010年之前发展缓慢,主要以指数型公募基金和ETF套利、封转开套利私募产品为主。2008年金融危机期间,由于美国次贷危机和国内期指推出预期,许多海外量化从业人员回国寻求发展机会,为市场提供了专业人才。2011年后,量化基金快速发展,量化选股、多因子体系和量化对冲类产品增加。然而,2015年股指期货受限导致量化对冲策略受到冲击,基金管理人开始向其他方向扩展,推动了CTA、期权策略和FOF等量化产品的丰富。此外,商品期权和原油期货等衍生品上市,量化基金逐渐转向主动量化策略。

2022年中国私募量化投资基金规模达到1.5万亿元人民币。全球对冲基金百强中有多家机构以量化交易著名,国内量化基金占比仅为6%,而海外量化策略规模占比估算约为20%~30%,说明国内量化基金仍有巨大发展空间。长期来看,如果衍生品工具进一步丰富和放宽,可能成为国内量化策略发展的重要转折点。

智能量化开发是一个需要编程、数学和金融知识的人才密集型职业,在市场上非常稀缺。Fintech公司、私募基金、互联网平台等都在广泛招聘智能量化开发人才,市场空间非常广阔。"智能量化投资"微专业面向金融投资类智能量化开发的职业技能需求,培养初步掌握智能量化核心技术原理、计算机软件运用以及基本金融投资领域知识,真正掌握实践技能、技能。毕业生将是具备较高竞争力的复合型、应用型人才。该专业要求学生在知识、能力和素质方面达到以下要求:

(1)掌握投资学的基本理论和方法,并能应用这些理论和方法分析和解决问题。对于金融投资的基本概念、基本理论和基本方法有正确的理解和应用能力。

(2)掌握计量分析、人工智能等相关学科的基本理论和基本知识。

(3)熟练掌握高级程序设计语言和量化投资平台的使用技巧。

(4)掌握量化投资策略构建、实施、分析、完善和优化的方法,并具备相关工作的能力。

(5)了解投资市场,具备一定的量化投资策略构建和优化的实践操作能力以及可持续发展能力,同时具备综合运用所学知识分析和解决问题的能力。

2. "金融衍生品数据分析与风险管理"微专业

金融衍生品市场的快速发展加大了对数据分析师的需求。各类金融机构和产业公司纷纷寻求独立的风险管理人才,以应对风险控制、紧急事件处理和风险管理核算等任务。全球期货市场持续增长,2023年前三个月股票指数衍生品市场交易量达到约110万亿美元,较去年同期增长43.8%。这需要大量具备数据分析能力的专业人才为决策提供支持。同时,农产品期货市场在保障粮食安全和促进农产品流通方面起关键作用。仅2022年我国农产品期货交易量就达到4.1亿手,合约价值超过35万亿元人民币。培养金融衍生品数据分析与风险管理人才将推动市场健康发展,并提供价格发现和风险管理功能。

近年来,我国出台了一系列政策措施促进金融衍生品市场发展,鼓励实体经济利用这些工具进行风险管理。2022年4月颁布的期货和衍生品法将于2023年8月1日起施行,为市场提供了法律保障和制度基础。然而,获取金融衍生品风险管理人才目前主要依赖期货公司的推荐或社会招聘,校园招聘机会较少。部分高校缺乏相关培养课程和教材,难以培养出应用型人才。因此,需要完善金融衍生品风险管理制度,并加强人才培养。

为此,金融学院推出了"金融衍生品数据分析与风险管理"微专业。该微专业是一个专注于金融衍生品的特色专业,旨在培养学生具备系统的金融理论知识和数据分析技能,以灵活运用金融衍生品进行投资、套期保值,并利用数据分析工具进行有效的风险管理和投资决策。

该微专业的定位适合具备一定金融基础和数学能力的学习者,为他们提供系统而深入的金融衍生品知识体系,使他们能够在实践中灵活应用各类金融工具和技术,应对复杂多变的金融市场环境。其特色优势如下:

(1)广泛的课程内容。课程涵盖了期货、期权、互换、信用等衍生品合约的定价模型、套利策略和风险度量,涉及数学、统计、计算机、金融等多个学科领域,为学生提供全面深入的学习体验。

(2)实践导向的教学方式。采用理论与实践相结合的教学方式,通过案例分析、模拟交易、项目设计等实际应用,提升学习者解决问题的能力和创新思维。学生将能够在真实的市场环境中应用所学知识,提高实际操作能力。

(3)行业专家授课。课程由经验丰富且具备行业背景的专家联合授课。他们将结合最新的金融理论和实务发展,为学生提供前沿的知识和实用的技能。学生将从他们的丰富经验中获益,了解行业趋势和获得最佳实践。

(4)认证和竞赛机会。完成微专业课程后,学生将获得金融衍生品数据分析与风险管理微专业证书。此外,学生还将有机会考取期货从业资格证、1+X金融大数据处理中级证书,并参加中金所杯、郑商所杯等竞赛,以证明其在金融领域从事衍生品相关工作所需的知识和技能。优秀毕业生将获得相关企业实习的机会。

本专业学生经过培养和训练后,在知识、能力、素质方面达到以下要求:

(1)掌握金融衍生品的基本概念、分类、功能和市场特点,以及金融衍生品的定价原理和方法。

(2)掌握金融数据的来源、类型和特征,以及使用Python等编程语言进行金融数据的获取、处理、分析和可视化的技巧和工具。

（3）掌握期权、期货、互换等常见金融衍生品的基本特性、交易机制和策略，以及这些金融衍生品的定价模型和风险度量方法。

（4）掌握金融风险的类型、特征和来源，以及金融风险的度量、评估和控制方法。

（5）通过模拟交易平台或实盘交易平台，体验金融衍生品的交易过程和策略，提高实操能力和风险意识。

（6）掌握考取期货从业资格证、1+X金融大数据处理中级证书，参加中金杯、郑商所杯的竞赛，证明具备金融领域从事衍生品相关工作所需知识和技能。

目前有来自电科学院、工商学院、经贸学院、海峡学院和国际教育学院等外院学生参与该微专业学习。

（三）复合能力培养

学院注重培养学生的复合能力，在此过程中，重点关注以下几个方面的工作：

1. 培养核心专业素养

学院以财富管理为主题，培养学生具备金融理论知识、金融市场运行规律、金融产品设计与交易、金融风险管理与控制、金融科技应用与创新等核心素养。为此，学院在专业群中设置了财富管理专业群导论与认知、金融风险管理、金融工程学等核心课程，并邀请了行业导师和企业高管参与授课和指导。

同时，学院在传统人才培养模式上嵌入金融产业核心技术。将Python编程、数据挖掘技术、区块链技术、大数据分析等金融科技核心技术融入专业群课程体系，打造金融科技新专业的同时，促进传统专业与产业核心技术的交叉融合，强化核心品牌专业示范辐射作用。

另外，学院围绕混业经营趋势下财富管理资产多元化的特点，建立了不同专业间课程共享及选修制度，打破专业课程间的壁垒，将银行、证券、保险、融资租赁、基金理财、金融科技、统计等相关课程内容深度融合，实现40余门课互联互通。这种模式能够让学生更好地了解不同专业之间的关系和互动，培养跨领域学习和协作的能力，同时也有助于推进各相关专业的发展。

2. 培养创新能力

创新创业教育课程是落实学校发展目标和创新创业基地人才培养的载体和平台，学院根据国家制订的"互联网+"行动计划及教育部推进产教融合、深化校企协同育人等相关指导意见，以学生为中心，行动导向，任务驱动，以培养符合社会市场需求的高素质技能型应用人才为核心任务，着力推进大众创业、万众创新。为此,学院建立了一套理论与实践相结合、案例教学与实验教学相结合、实习与实训相结合的创新创业教育课程体系。该体系分为初期、中期和后期三个阶段,以完善公共基础课和专业基础课为主,加强创新创业专业知识和应用模块为主,最后以实践基地展开实战训练或直接推动个人或团队启动创业项目为主。学院挖掘了金融学、投资学专业课程的创新创业教育资源,开设了金融创新创业导论、金融创新创业方法与实践等课程,把创新思维融入专业教学的各个环节。创新创业教育相关课程,见表3-1。

表3-1　　　　　　　　创新创业教育相关课程

学期	课程	重点
1	大学生职业生涯与发展规划	注重引导学生了解自己所学专业及目前发展趋势,明确学生在校学习目的
6	大学生就业指导	引导学生树立正确的就业观
1-6	专业认知	每学期开展多次与专业相关的创新、创业主题讲座,聘请企业高管、业务骨干和学生开展论坛、沙龙等活动,培养学生创新、创业意识
4	金融创新创业导论	系统讲授金融投资创业相关的知识和经验,了解国家对大学生创业的优惠政策,指引学生转变传统择业观,在教学过程中融入创新、创业意识,拓展学生专业思维
6	金融创新创业方法与实践	通过实战课程教学,在教授学生金融投资专业技能的同时,鼓励学生主动探索实践

同时,学院采用"成长进阶式"创新创业教育人才分类培养理念,创新人才分类优选机制,重点采用"企业+导师、赛事+项目、扶持+孵化"三级选拔四层培养的"成长进阶式"创新创业教育人才培养体系。体系以应用为目的,以学生为主体,以教师为主导,让企业参与其中,实施四层进阶的分层培养。

第一层基于普适教育思想,将创新创业知识与素质培养融入课堂教学、自主学习、专业实践、社会实践、创新实践中。

第二层基于分类培养理念,学生可以根据自身能力和兴趣爱好参加不同班级或项目的培训。同时,学院与大连商品交易所等合作开展期货人才培育项目,并联合各金融投资公司举办了多种创新创业实验班、培训营活动,推进产学研协同育人。

第三层通过各级各类大赛选拔,配备专业导师,对学生进行分类重点培养。

学院为此建立了创新创业学分积累转换制度,鼓励学生积极参加各种科学竞赛、创业训练、创业项目等实践活动,设立创新创业奖学金,同时要求加强对第二课堂的学分要求。

第四层组建创新团队或创业团队,实施成果转化与创业孵化,推进人才培养向深度拓展与广度延伸。融合社团的"三加一"创业教育体系,如图3-2所示。

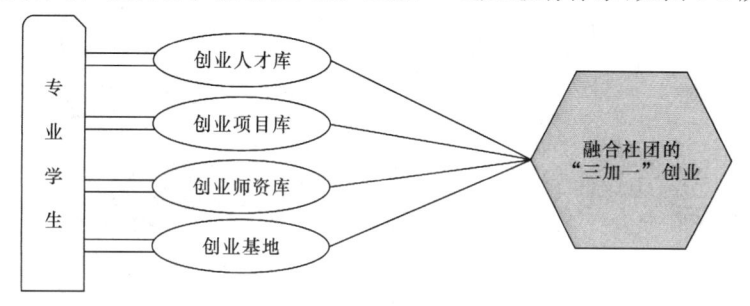

图3-2 融合社团的"三加一"创业教育体系

3. 创新教学模式与实践活动

学院为了培养学生的实战技能和创新意识,采用了创新的教学方式,将第一课堂分为线上微课程和线下专业课两部分。线上微课程由校企合作共建,涵盖金融理论、量化技术、编程语言等内容,学生可以进行自主学习和复习。线下专业课则引入企业导师授课,结合量化分析课程进行实战应用教学,同时邀请行业内超过20家企业负责人参与创新游戏,提供新型课堂体验,在愉悦的氛围中进行学习。第一课堂授课现场,如图3-3所示,"虚拟交易所"活动现场,图3-4所示。

图3-3 第一课堂授课现场

图 3-4 "虚拟交易所"活动现场

第二课堂则由校内外实践活动组成。校内实践活动包括模拟交易大赛、基金孵化中心、"萤火虫"计划等，让学生在校内实训中心进行策略开发、模拟交易、基金发行等过程，培养学生的创新创业能力。校外实践活动则包括"点金世界"实践基地、精准就业通道计划等，让学生在校外实践基地进行实习实训、创业孵化等过程，提高学生的专业素养和就业竞争力。

(1) "萤火虫"计划

"萤火虫"计划是一个以基金产品开发为导向的人才培养计划，旨在培养具有创新、创业、创造能力的金融人才。该计划分为策略选择、策略开发、策略评估、策略优化、策略实盘和基金发行六个步骤，让学生从理论到实践，从模拟到实盘，全面提升他们的金融投资能力和创新创业能力。

学生首先根据自己的兴趣和专长，选择不同的金融投资领域，如股票、债券、期货、外汇等。接着，他们进行数据收集、分析、回测、优化等过程，形成可执行的策略代码，并将其提交到校内实训中心的基金展示排行榜上，与其他学生的策略竞争。学生还可以通过反馈对自己的策略进行改进和优化，提高其稳定性和收益率。

经过实时的模拟交易和收益评估后，学生将自己优化后的策略提交到校外实践基地的"点金世界"平台上，体验金融市场的风险和机遇，并接受企业导师和专家指导。最终，学生在"点金世界"平台上交易至少一年并形成优秀的收益曲线后，可以申请进入基金孵化中心，由相关企业提供资金和技术支持，进行基金产品的设计和发行，完成创业目标。"萤火虫"计划——成长模式，如图 3-5 所示，"萤火虫"计划示意图，如图 3-6 所示。

1 期货量化投资培训课程
在时机成熟时,由合作双方共同推出初级、中级、高级期货量化投资培训课程,提升人才的专业知识水平。

2 期货量化投资交流
通过组织校内期货量化投资协会或兴趣小组,不定期举办沙龙、分享会、技术指导,将相关人才进行聚集交流。

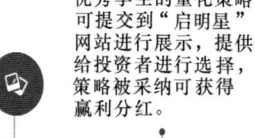

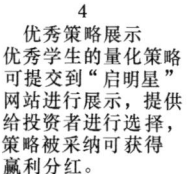

3 举办校内/校际量化对抗赛
通过测评、实训、淘汰、比赛、筛选优秀的期货量化投资人才,进行重点培养。

4 优秀策略展示
优秀学生的量化策略可提交到"启明星"网站进行展示,提供给投资者进行选择,策略被采纳可获得赢利分红。

5 模拟盘/实盘
将经过多重筛选出的优秀人才,公司或投资者配比资金进行实盘操作,通过实盘赢利创造收益。

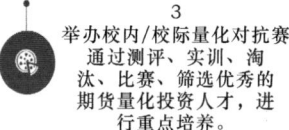

图 3-5 "萤火虫"计划——成长模式

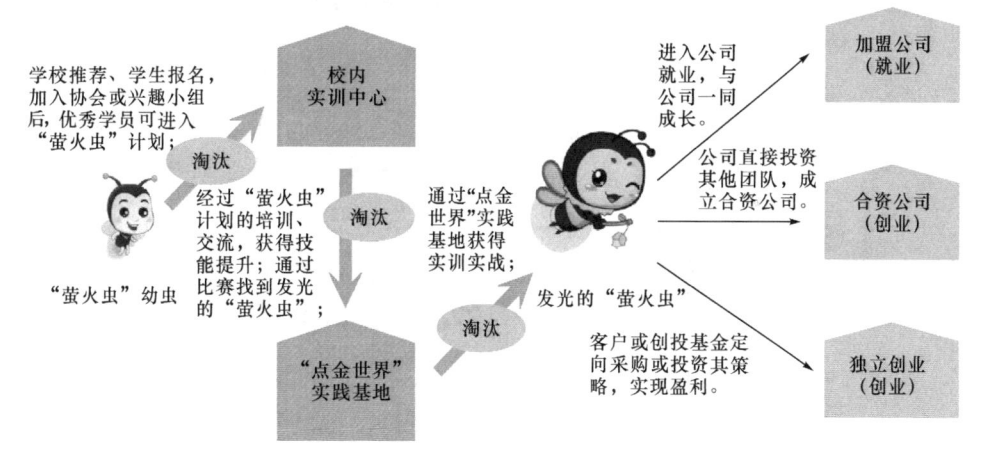

图 3-6 "萤火虫"计划示意图

(2)"点金世界"实践基地

"点金世界"实践基地旨在为学生提供实习、实训和创业孵化的平台,让学生接触最前沿的金融行业情况和资源,并与之互动和合作,提升他们的专业素养和就业竞争力。

该平台提供多种实习岗位,如交易员、量化策略研究员、C++软件工程师、期货交易策略研发员、股票日内回转交易员、理财顾问等。学生可以根据自己的意向和能力特点选择不同的实习岗位,在非教学时间得到企业导师和行业导师的指导和评估。此外,该平台还为学生提供创业孵化服务,包括资金及技术帮扶,以及引入基金孵化中心的优秀策略产品,让学生通过对策略的学习、分析和测评等过程,掌握策略投资评估能力,成为合格的投资者或投资顾问。

此外，该平台还与校内实训中心联通，实现了校内外教学资源的共享和交流。学生可以在该平台上参与校内实训中心的各种课程、项目、大赛和论坛等活动，并与其他学校或机构的相关活动进行互动。此外，该平台通过企业对学生的评估和人才档案库，向符合条件的学生提供就业岗位，并为学生提供更多的就业机会和广阔的发展空间。

该平台通过企业对学生的评估和人才档案库，向符合条件的学生提供就业岗位，并为学生提供更多的就业机会。此外，该平台还可以为学生提供创业孵化的支持，让学生在金融领域中有更多自主选择和发展的机会。

通过提供实习、实训和创业孵化平台，让学生接触最前沿的金融行业情况和资源，并与之互动和合作。该平台提升了学生的专业素养和就业竞争力，通过与校内实训中心联通，实现了校内外教学资源的共享和交流，进一步丰富了学生的教育资源和实践经验。金融学院与企业的产教融合基本框架图，如图 3-7 所示，校内实训中心互联互通"点金世界"实践基地，如图 3-8 所示。

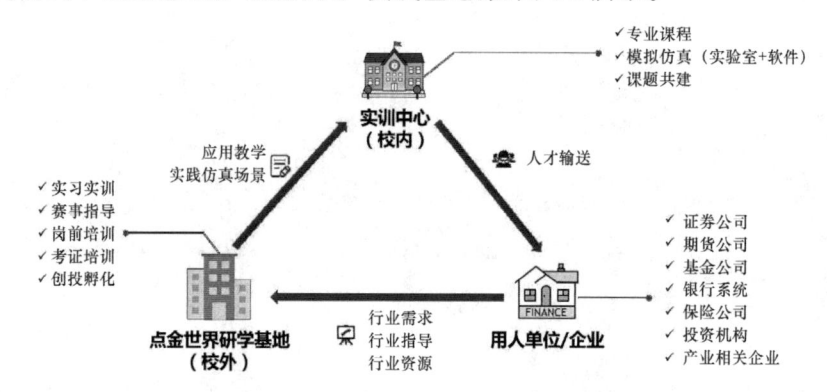

图 3-7　金融学院与企业的产教融合基本框架图

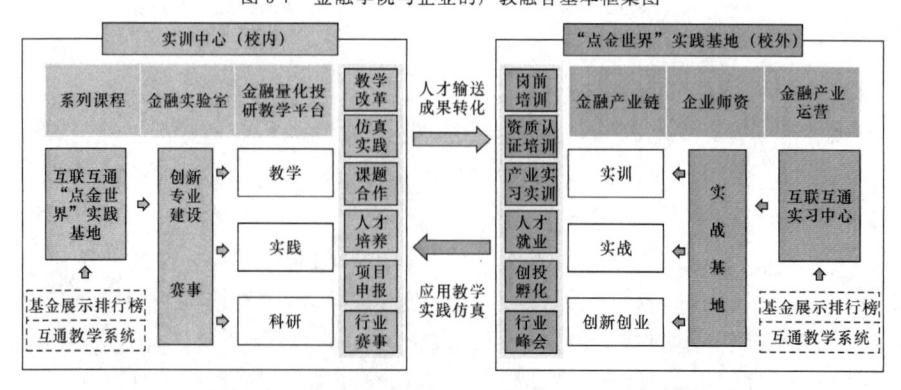

图 3-8　校内实训中心互联互通"点金世界"实践基地

学院通过以上创新的授课方式和实践活动，让学生了解行业最前沿情况，提高他们的专业素养和就业竞争力。学生通过启发式、讨论式、案例式和研究型教学及小班化教学等多种方法，发挥自己的潜力，并成为主导者。此外，学院还将组织策略技术讲座、读书会、专家讲座等多样化创新教学，以便发现有兴趣和潜力的学生并进行重点关注和培养。这些教学方式将有助于学生更好地掌握实战技能和创新意识，为未来的职业发展打下坚实的基础。

（3）举办模拟交易大赛

为了培养金融投资领域的高级人才，金融学院积极主办省级交易赛事，并得到星嘉合教育的技术支持。自2019年以来，学院与福建省教育厅合作举办了五届海峡两岸大学生职业技能大赛暨金融投资模拟交易竞赛和一届期货投资主观模拟交易大赛，共有47所院校和超过10 000人次学生参与。在此过程中，举办了10次全省范围的比赛培训，投入了16人次的人力和近24万元的经费。比赛采用实战模拟和策略对决方式，注重金融投资、综合化、真实化和实战化，加强大学生的金融实践教育，帮助他们掌握金融基础知识，增强金融风险意识，提高金融实践能力，完善就业创业素质。该比赛不仅为学生提供了与全国各地的学生同台竞技的机会，而且以赛代学、以赛代训，锤炼专业技能，检验学习成果。通过该比赛，福建江夏学院金融学院还整合引导教育和金融两大创新资源，突破教育领域与金融市场不同体系的跨领域合作难题，推行"教、学、做、练、赛"一体化教学模式，以提高大学生的参与度并实现对学生的综合能力培养。同时，该比赛也为学院拓宽校企合作平台，促进学校与金融机构和企业之间的深度合作，增强学生的实践能力和就业竞争力。目前，该赛事已成功输送了158名优秀实习生，并有17名学生成功就业。

金融投资模拟交易竞赛比赛社区，如图3-9所示。

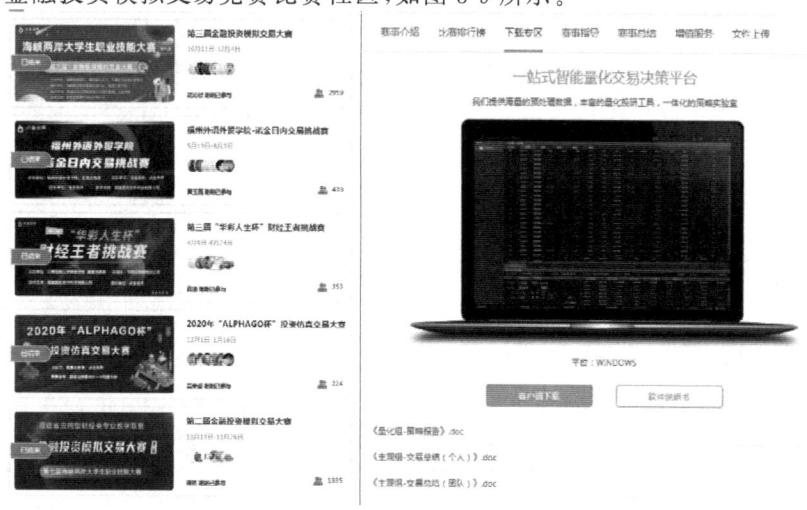

图3-9　金融投资模拟交易竞赛比赛社区

4. 软硬件升级举措

为满足学校师生实验教学研究需求,金融学院与合作企业进行了软硬件升级改造:

(1)硬件升级

学院与企业共同投入 268.7 万元,在金融楼 5A306 阶梯教室建立了"量化星工场实践教学基地"。该实验室将传统阶梯教室与现代众创空间元素相结合,增设了阶梯观摩台,可容纳 100 人以上并具备存储功能。学生桌子具有多项特点,包括搭载一体机、可移动变阵、可翻盖一桌多用、走线隐蔽和外观时尚靓丽。实验室配备了 DID 拼接屏、一体式学生机、教师机、教学触摸屏、分组讨论屏等设备,形成完整的教学设备链,满足智能教室的教学需求。此外,实验室还具备直播、录播互动教学系统,支持一键录制课程、上传至云端、多机位拍摄、异地多地互动教学和直播等功能。实验室采用基于大数据和云计算的物联网综合管理系统,实现了远程可控、状态可知、报警及时、实时处理、方便高效、绿色节能的教室管理新功能。该实验室不同于传统实验室的单一应用场景,其融入了高校特色、金融文化、友好感知等元素,并适用于创新教学、翻转课堂、远程互动教学、课题研究、精品课程录制、项目孵化、新闻播报、模拟大赛等多种场景。实验室还可辅助教师进行课堂录制,课后教研、反思和学生的课后复习巩固等。远程互动系统还能实现基金公司、产业园与学校课堂的互动教学,目前已服务超过 1 万名金融专业师生。

为进一步促进学科和专业的发展,培养创新型和应用型人才,并传承红色金融文化,学院在 5 号楼 310 实验室开展了金融科技实验室建设项目。该实验室采用先进的计算机网络通信技术和软件,以现代金融理论为基础,对实时金融数据进行分析处理,并通过可视化展示数据。金融科技实验室是一个综合性实验室,具备理论学习、课程实战和作品展示等功能。该项目总投资为 393.5 万元人民币,金融科技实验室,如图 3-10 所示。

(2)软件升级

在软件升级方面,学院引入了"金融量化投研教学平台",这是校企双方共同研发的平台。该平台包括虚拟仿真交易系统和 AI 金融大数据系统。虚拟仿真交易系统提供专业化的量化仿真交易教学,在高度仿真的环境中让学生模拟真实的交易场景,为实战教学打下基础。AI 金融大数据系统构建了应用人工智能与金融教学的环境,提供策略开发功能,包括研发、回测、追踪、报告和评价等,支持多品种、多策略的复杂运算能力。该系统使用 Python 语言编写,降低学习门槛,并提供丰富的策略 API 函数和策略分析因子,加快学习进程。通过整合 AI 人工智能和量化仿真交易教学,学生能够接触到前沿的智能金融技术,并获得更多量化实操和实训机会,使他们能够在真实交易环境中实践金融的理论、方法和技巧,从而摆脱纸上谈兵的束缚金融量化投研教学平台,如图 3-11 所示。

图 3-10 金融科技实验室

基于金融大数据平台,校企双方持续开发和建设金融量化投资、金融资产管理和金融衍生品交易等虚拟仿真实验项目,为满足学校师生的各类教学研究需求提供环境,并为金融投研相关专业教学提供整体解决方案。目前,双方已合作开发了"统计套利虚拟仿真实验教学项目软件",通过高度仿真的统计基差交易环境的基差定价、套利和套保功能,来培养更符合企业用人需求的金融应用型人才。学生不仅学习统计基差交易,还能完整体验企业实战案例教学,实现产学研的融合。总的来说,这将带来以下三个方面的效益:

首先,有效解决了基差定价、套利和套保实验实践的不足,增加了具备理论

图 3-11　金融量化投研教学平台

高度和实践经验的学生被行业优秀公司录取的机会,提高就业率。

其次,夯实学科建设基础,提升相关金融课程,通过最贴近真实市场的方式培养学生的基差定价、套利和套保能力。

最后,为广大教师提供教学实验平台,让他们基于国内企业将金融工具实际应用于企业套期保值和定价的实际操作进行研究,从而提高教学质量。这些研究成果不仅可以用于教学,还可以指导企业实践,实现理论与实践的结合。

5. 实践师资培训方案

为提升院校师资队伍的实践教学能力,金融学院与相关企业合作,推出了三种师资培训模式:

(1) 跟班学习模式

企业派实战导师到校授课,其间校内教师与学生跟班学习。该模式优点是密切沟通和交流、解决教学问题,提高教学技巧和方法。缺点是时间和精力投入较大,可能影响其他工作和学习。

(2) 专题培训模式

通过协商组织专题培训会,对教师进行集中培训。短期内提升专业水平和自信心,适应教师需求和困惑。优点是快速获取最新知识和信息,缺点是深度和广度有限,无法覆盖全部课程和领域,也不能保证长期学习和持续改进。

(3)企业游学模式

教师入企参与顶岗工作,深入了解岗位和产业,并完成培训,丰富实战经验。优点是亲身体验企业运营、了解需求、增强实践能力和创新意识。缺点是需要适应企业环境和规则,可能遇到困难和挑战,要与企业保持良好合作和沟通。

根据教师特点和需求,金融学院灵活选择和组合以上三种模式,形成了一套有效的师资培训方案。通过这些方案,教师的实践教学能力显著提升,教学质量和效果明显改善,为学院的教育教学改革和发展提供有力支持。

(四)建立评价体系

为了提高专业链上课程的质量和水平,学院应加强内部评价和外部评价相结合的评价体系。内部评价主要通过开展教师互评互访活动,激发教师自我提升意识;外部评价主要通过邀请行业导师和联盟成员参与课程评价,并及时反馈意见和建议。

1. 内部评价

学院通过开展教师互评互访活动,激发教师自我提升意识。具体做法如下:

(1)制订互评互访方案

学院根据专业链上课程的特点和要求,制定了具体的互评互访方案,明确了互评互访的目的、原则、对象、方式、时间、内容、标准、程序等,并将其公布,让全院教师知道。

(2)实施互评互访活动

学院按照方案要求,组织教师进行互评互访活动。每位教师至少要参与两门课程的互评互访,其中一门为本专业课程,另一门为跨专业课程。每门课程至少要有两位教师进行互评互访。互评互访的方式包括听课、查阅资料、交流座谈等。听课时,教师要全程参与,并填写听课记录表;查阅资料时,教师要查看教案、课件、作业、考卷等相关材料,并填写查阅记录表;交流座谈时,教师要就听课和查阅的情况进行深入探讨,并填写交流记录表。

(3)总结反馈结果

学院通过收集和整理教师的听课记录表、查阅记录表、交流记录表等,形成互评互访总结报告,并将其反馈给相关教师和领导。报告中要客观分析各门课程的优势和不足,并提出具有针对性和可操作性的改进建议。

(4)跟踪督促改进

学院通过定期开展专题研讨会、经验交流会等活动,跟踪督促教师根据互评互访结果进行课程改进,并分享改进经验和效果。同时,学院还将互评互访结果作为教师考核和奖惩的重要依据,激励教师不断提高自身教学水平和课程质量。

2. 外部评价

学院通过邀请行业导师和联盟成员参与课程评价,并及时反馈意见和建议。具体做法如下:

(1)确定评价对象和标准

学院根据专业链上课程的特点和要求,确定适合参与外部评价的行业导师和联盟成员,并制定具体的外部评价标准,主要包括课程目标、内容、方法、效果等方面。

(2)组织实施外部评价

学院按照标准要求,组织行业导师和联盟成员进行外部评价。每位行业导师或联盟成员至少要参与一门课程的外部评价,每门课程至少要有一位行业导师或联盟成员进行外部评价。外部评价的方式包括听课、查阅资料、交流座谈等。听课时,行业导师或联盟成员要全程参与,并填写听课记录表;查阅资料时,行业导师或联盟成员要查看教案、课件、作业、考卷等相关材料,并填写查阅记录表;交流座谈时,行业导师或联盟成员要就听课和查阅的情况进行深入探讨,并填写交流记录表。

(3)总结反馈结果

学院通过收集和整理行业导师或联盟成员的听课记录表、查阅记录表、交流记录表等,形成外部评价总结报告,并将其反馈给相关教师和领导。报告中要客观分析各门课程的优势和不足,并提出具有针对性和可操作性的改进建议。

(4)跟踪督促改进

学院通过定期开展专题研讨会、经验交流会等活动,跟踪督促教师根据外部评价结果进行课程改进,并分享改进经验和效果。同时,学院还将外部评价结果作为教师考核和奖惩的重要依据,激励教师不断提高自身教学水平和课程质量。

通过以上措施,学院构造了财富管理专业链,并不断优化其结构和内容,使之更加符合行业需求和发展趋势。同时,学院还注重培养学生的核心素养、专业技能和创新能力,使之更加适应市场竞争和社会需求。通过各种教学方法的运用,学生可以在实践中不断提高自己的职业素养,从而更好地适应未来的职业发展。

二、构筑"产业链",搭建产教融合平台

产业链是产教融合的重要依托,是人才培养的目标和需求所在。为了适应金融业混业经营的趋势,财富管理学院改变了传统的"开放办学"模式,转向了

"企业和学校共建生态系统"的模式,采用了高校主导型"政产学研创"融合机制,与多家金融、科技企业建立了紧密的合作关系,开展了一系列的产教融合项目,实现了教育链、人才链与产业链的高效衔接。2018年,学院联合省内6家金融、科技企业,在原有校企合作基础上共同建设财富管理学院,实现了从"单一专业—专业群—产业学院"的"三进阶"。该财富管理学院由金融学院负责管理运行,采取理事会管理模式,下设管理委员会。通过建立规范的校企合作机制和管理制度体系,增强了行业协会、企业合作办学的动力。

这些企业不仅提供了资金、设备、数据等资源支持,还派出了经验丰富的行业精英作为行业导师,参与到财富管理人才培养的全过程中。他们与专业教师和思政教师组成了"三导师"团队,从思想引导、专业学习、职业规划等方面为每位学生提供全程指导。他们还参与课程设计和授课,提供实习就业岗位和创新创业项目,并定期邀请优秀毕业生回校分享经验和感悟。通过校企共建,财富管理学院打造了一个集教育、科研、服务于一体的综合性平台,为学生提供了全方位的培养机会。

该产业学院通过制定和出台《产业学院理事会章程》《产业学院建设方案及实施细则》《产业学院建设专项资金管理办法》等制度,并落实考核奖惩机制,强化责任意识,对建设过程中有突出贡献的人员给予支持。通过共建产教融合平台,金融学院开创了"两突出、三并重、六共同"开创产教深度融合育人模式,具体内容如下:

(一)"两突出"

1. 突出职业精神培养

为了进一步提升人才培养质量,金融学院全面落实"以本为本、四个回归"教育理念,强化立德树人的教育理念,贯穿思政教育于专业课程教育之中。此外,学院还建成党建+产教融合共建园,并对金融系教工党支部进行了培育创建,成为首批"全国党建工作样板支部"。同时,学院通过弘扬林碧玲等英雄事迹来激发学生的职业精神。

2. 突出人才个性培养

学院与行业开设了"融资租赁订单班""量化投资创新创业班",并开展"暑期交易员培训夏令营"、"全国高校期货人才培育项目"、"中金所杯培训"、交易精英训练和实习生上岗实习、保险训练营等个性培养专项等培养专项,参与学生累计3000人次。

(二)"三并重"

1. 奠基专业能力

改变学科导向的课程体系为专业导向,从"学科逻辑"体系向"技术逻辑"体系转变,在教学内容上探索"专业课程模块化",把学生的专业能力细化为一系列子能力,配套建设系列专业课程模块,形成课程模块矩阵。以2022级投资学专业人才培养方案为例,将专业选修课分为量化投资模块、投资理财模块、投资通识模块、研究方法模块及投资实训模块,可根据学生自身的兴趣爱好、能力特长的不同,打破原有行政班级体制,进行班级或小组的重新分配,使学生加入不同能力培养的教学模块。

2. 融入就业能力

学院建构了满足金融细分行业对财富管理人才的共性需要和差异化需求的职业化特色鲜明的课程体系,嵌入理财规划师、特许金融分析师(CFA)、金融风险管理师(FRM)等职业标准,并由企业选派行业精英全程授课,如量化班的量化技术分析、量化思维与交易系统构建、金融创新创业的方法与实践等课程,企业先后派出5位行业精英全程授课。

3. 贯穿创新创业能力

学院开展了"萤火虫"计划,采用"预就业创业"模式开设创新创业班,并将创新创业教育与创业大赛相融合,建立创新创业学分积累转换制度,设立华崛励志奖学金。此外,学院通过组织非毕业班学生参加专业认知及学习提升的社会实践,引导学生全面了解政府、市场和社会各方面对人才的需求,提高学生综合运用所学专业知识解决实际问题的能力,培养学生的"闯·创"精神和创新创业能力,树立敬业精神和社会责任感。

(三)"六共同"

1. 共制培养方案

学院每年定期召开行业导师论证会,组织教师团队赴国内高校和合作企业年调研10余次。教师团共同制定了金融学(含金融学、融资租赁)、金融科技、数学与应用数学(保险精算方向)、投资学(含量化投资方向)、经济统计学(金融分析方向)、金融工程学、保险学专业人才培养方案、教学大纲、教学计划,并实行动态调整,形成了以金融产业链为主线,以专业为关键环节的统筹兼顾相互关联的专业群人才培养体系。人才培养方案制订的总体框架体系,如图3-12所示。

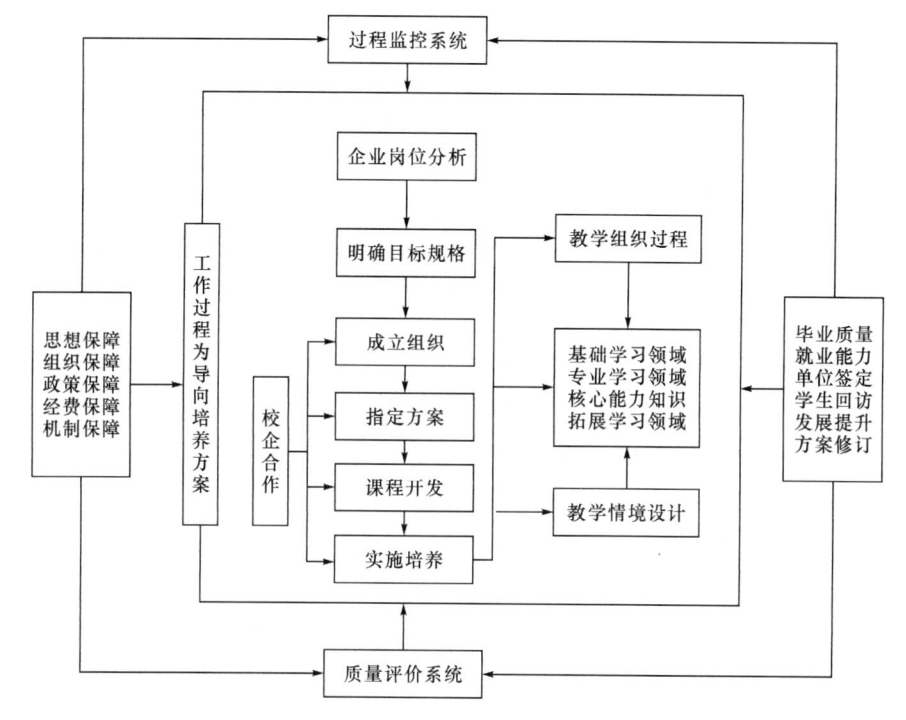

图3-12 人才培养方案制订的总体框架体系

2. 共建教学资源

校企共建"风险价值计算模拟的演示系统 V1.0""期权定价教学演示系统""邮政储蓄银行模拟操作软件 V1.0""商业银行3D和VR仿真软件 V1.0""产教融合智能量化投资人才培育系统"等7个仿真教学系统。以上仿真教学系统得到福建省相关高校的认可。2019年,学院获批打造福建省财富管理运营与决策虚拟仿真实验教学中心。在福建省教育厅的支持下,学院还组织了海峡两岸大学生商业银行经营实战沙盘竞赛、商业银行3D仿真业务技能竞赛、金融投资模拟竞赛等活动,取得了优异成绩。

学院还将科研实践、学生创新实践能力提升和专业特色融入教材编写,与企业共同编著了"新世纪应用型高等教育整体金融学实验课程教学教材"等共计8本实验教材(表3-2、图3-13)。这些教材设计了整体金融学实验教学操作系统,体现了实验操作的整体性原则。该实验教材强调整体性原则,即要从人才培养方案入手,从能力培养的整体出发,整体设计知识学习与能力训练,克服了以往独立设计各门课程所体现的割裂性。同时,学院还与企业合作,利用国家级兴业证券投教基地的资源,补充最新最全的投资者教育相关材料和案例,并在教材中增设二维码,方便学生观看学术内容的案例、相关课程视频等内容。

表 3-2　　　　　　　　整体金融学实验课程实验教材构成

课程名称	教材名称	主要功能与实验项目
商业银行经营管理学	商业银行经营管理实验教程	功能:商业银行资产业务、负债业务、中间业务等 项目:柜面开销户、个人存取款、银行卡业务、对公存取款、对公结算、个人住房信贷、个人消费信贷、公司固定资产信贷、公司大项目贷款、公司流动资金信贷、代收业务、网上银行业务、电话银行业务、特殊业务等
金融市场学	货币与外汇市场实验教程	功能:票据市场、拆借市场、债券市场、外汇市场等 项目:商业汇票兑付、商业汇票贴现、商业汇票再贴现、同业拆借、短期债券市场、国库证券市场、个人外汇买卖、即期外汇交易、远期外汇交易、外汇清算交割等
保险学	保险实务实验教程	功能:保险营销、保险承保、保险理赔等 项目:人身保险承保、人身保险理赔、人身保险保全、财产保险承保、财产保险理赔、保险营销、银行代理保险等
证券投资学	证券投资实验教程	功能:证券操作、证券分析、组合管理等 项目:证券交易的开户与销户、证券交易流程、证券交易品种、证券模拟交易、证券投资基本分析、证券投资技术分析、证券投资行为分析、证券投资组合管理等
期货投资学	期货投资实验教程	功能:期权期货操作、期货市场分析等 项目:期货交易开户与销户、期货交易实操、期货强行平仓实操、期货保值实操、期货合约实操、期货手势实操、期货基本面分析、期货技术面分析等
风险管理学	风险管理实验教程	功能:企业评级、风险管理等 项目:个人信用评分与授信、企业信用评级与授信、企业财务综合评价、资产负债组合分析、市场风险评价、操作风险评价、流动性风险评价、损失估算评价、信贷风险管理实操、证券风险管理实操、金融衍生产品风险管理实操等
国际结算	国际结算实验教程	功能:国际贸易单证审核、国际结算业务等 项目:国际结算票据的缮制(含汇票、本票和支票)、汇款结算、托收结算、信用证结算、银行保函、国际保理、福费廷等
商业银行经营管理模拟实战	商业银行经营实战演练沙盘实验教程	功能:角色扮演、分组对抗、营运决策等 项目:广告投放决策、客户维护管理、外部环境分析、个人业务决策、公司业务决策、中间业务决策、投资银行业务决策、风险管理、财务分析、商业银行经营评价等

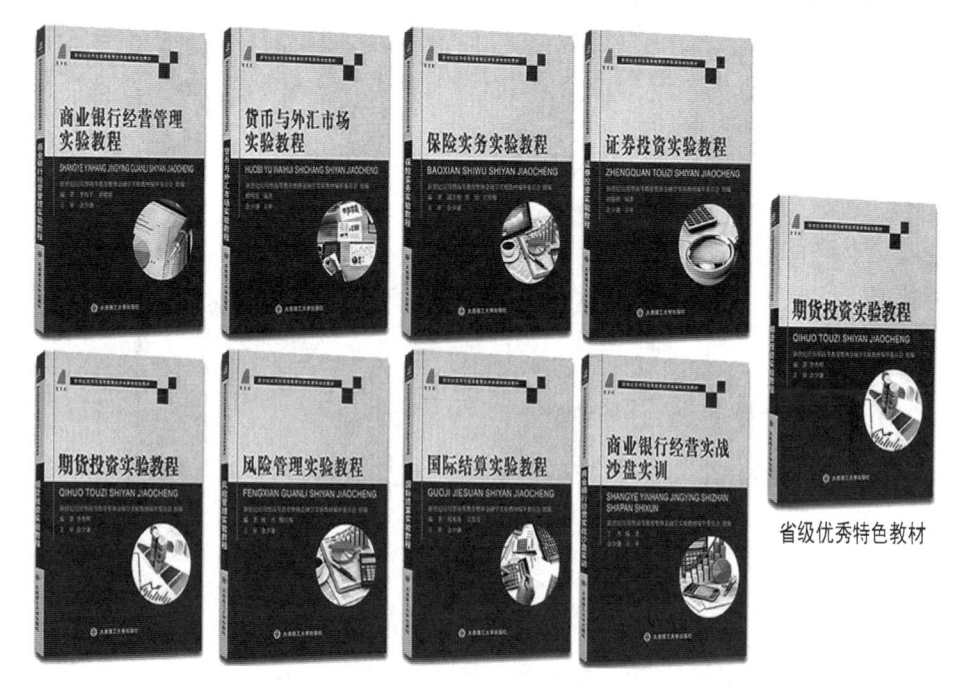

图 3-13　新世纪应用型高等教育整体金融学实验课程教学教材

3. 共建教师团队

学院建设了省级财富管理应用教学团队,其中包括行业企业代表,同时分专业共建了5个校级教学团队,并聘请了行业客座教授和行业导师。学院与企业开展对话交流和创新合作,选派专业教师、思政教师和行业导师以"1+1+1"的形式组成"导师团"。该导师团汇聚了全国优秀教师、金融教育工作者、福建省教学名师、福建省优秀教师、高校杰出青年科研人才等多方面优秀人才,为学生提供思想引导、专业学习和职业规划等多方面的全方位培育。每位学生在校期间都可以得到一个导师团的支持。

4. 共建实验中心

通过"整体规划、资源共享、行业特色、协同创新"的指导思想,学院与企业共同投资建设了金融人才创新实验教学中心,采用"校企协同、共赢驱动"新模式,协同建设实验实训教学平台。该中心具有"行业背景、协同建设、全景仿真、应用特色"的特点,包括商业银行经营实战沙盘演练实验室、商业银行营业厅3D实战演练中心、移动互联网金融体验中心、融信租赁实践基地、货币与票据防伪实验室、量化投资实验室等。这些实验室及教学基地拥有先进的软硬件设备和多种场景的组合,可广泛应用于教学、研究、课程录制、项目孵化、新闻播报、模拟大赛等多种场景中,形成了高端财富管理人才培养的硬件设施矩阵。此外,企业方还以设备对校方进行投资,资产金额 703 万元以上。金融人才创新实验教学示范中心实验课程体系,如图 3-14 所示。

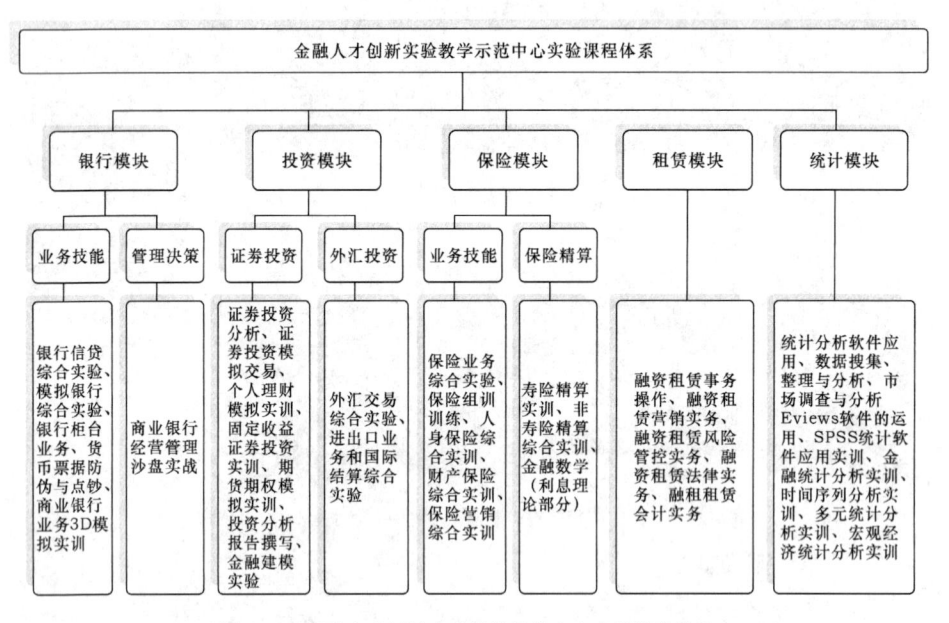

```
金融人才创新实验教学示范中心实验课程体系
├── 银行模块
│   ├── 业务技能：银行信贷综合实验、模拟银行综合实验、银行柜台业务、货币票据防伪与点钞、商业银行业务3D模拟实训
│   └── 管理决策：商业银行经营管理沙盘实战
├── 投资模块
│   ├── 证券投资：证券投资分析、证券投资模拟交易、个人理财模拟实训、固定收益证券投资实训、期货期权模拟实训、投资分析报告撰写、金融建模实验
│   └── 外汇投资：外汇交易综合实验、进出口业务和国际结算综合实验
├── 保险模块
│   ├── 业务技能：保险业务综合实验、保险组训训练、人身保险综合实训、财产保险综合实训、保险营销综合实训
│   └── 保险精算：寿险精算实训、非寿险精算综合实训、金融数学(利息理论部分)
├── 租赁模块：融资租赁事务操作、融资租赁营销实务、融资租赁风险管控实务、融资租赁法律实务、融租租赁会计实务
└── 统计模块：统计分析软件应用、数据搜集、整理与分析、市场调查与分析、Eviews软件的运用、SPSS统计软件应用实训、金融统计分析实训、时间序列分析实训、多元统计分析实训、宏观经济统计分析实训
```

图 3-14 金融人才创新实验教学示范中心实验课程体系

5. 共建综合性基地

金融学院先后共建 30 个(含国家级)校外实践基地,以及国际化金融投资人才培养实践教学基地、商业银行经营实战沙盘演练虚拟仿真实验室、国泰安大资管平台实践基地、产教融合互联网金融虚拟仿真实验室、产教融合背景下金融类专业创新创业教育改革探索与发展 5 个教育部产学研项目和金融服务乡村振兴研究院。

6. 共促就业

把"学生就业"当作"最大的民生工程",各方联动工作,从新生专业认知教育、到大二大三暑期实习、大四毕业实习及就业全程辅导;建立财富管理专家学者参与的专业教学指导委员会,每年形成评价"一专业一报告"和"一学生一报告",通过精准就业通道计划,让学生得到四次实习机会,并进行完整过程记录,帮助学生进行就业指导和职业生涯规划,大幅提高企业留用率,毕业后的岗位稳定性和适应性更强。该计划能够帮助缩小院校与行业的就业鸿沟,让学生更好地了解自己的职业方向和发展路径,为他们的就业和职业生涯提供更多的支持和保障。精准就业计划示意图,如图 3-15 所示,校企相关就业实践活动,如图 3-16、图 3-17 所示。

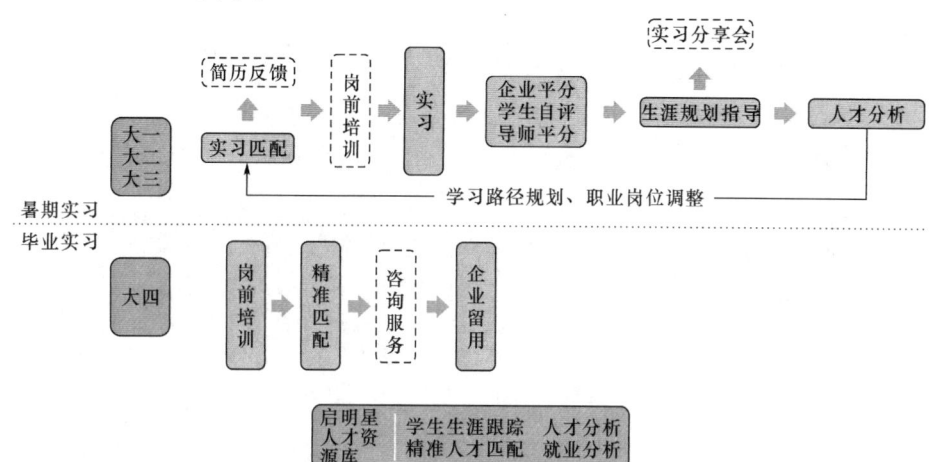

图 3-15 精准就业计划示意图

图 3-16 校企相关就业实践活动(1)

图 3-17 校企相关就业实践活动(2)

通过以上措施，财富管理学院拓展了产业链上的合作伙伴和合作领域，并实现了教育链与产业链、创新链的高效衔接，为学生提供了多元化的实践平台和就业渠道。

三、构建"联盟链"，突破教育资源互动壁垒

联盟链是产教融合的重要推动力，是人才培养的支撑和保障。金融学院积极搭建校企联盟平台，整合各方资源，形成协同效应。为满足金融细分行业对财富管理人才的共性需求和差异化需求，金融学院牵头成立福建省应用型财经专业类教学联盟，并以新建本科高校身份牵头中国租赁联盟、天津商业大学、西安财经大学等行业协会、高校共同设立中国国际租赁教育联盟。金融学院作为理事长单位定期召开联盟理事会和研讨会，共同制定人才培养方案、教学大纲等，统一人才培养质量标准，并实行动态调整政策。

联盟成员涵盖省内外兄弟院校及行业协会、龙头企业，定期召开产教融合育人研讨会议，围绕人才培养方案、课程资源研发、实验实训基地、学科专业竞赛、师资队伍建设、教学科研交流、人才毕业就业等领域构建开放共享机制，推动联盟成员课程互选、基地互用、信息互通、设备互享、团队互融、经验互学，形成统一

的育人价值观、培养标准和行动框架,实现高校个体目标与联盟整体利益的相对一致。联盟秉持对外开放理念,动态调整联盟成员,与产业行业企业保持密切互动,构建内部成员利益关联、有机互动,与外部环境有效沟通的生态系统,促进专业共建与人才共育,较好地解决了高校间存在的资源条块分割、人才培养质量标准不统一、学科专业建设缺乏合力等问题。

联盟链的构建和发展不仅仅是理念上的统一,更重要的是实现了多区域学习、实习、竞赛和研讨的互联互通。联盟内现已完成金融学4门课程、40所高校近10 000名学生选课,通过互选课程,学生可以在不同高校的教师指导下,学习不同的教材和教法,拓宽视野,增强能力。互用基地、互享设备和互享经验,使学生可以在真实的金融环境中,体验各种金融业务的操作流程和风险管理方法,提高实践能力和创新意识。仅2022年,"点金世界"实践基地就吸引了省内23所高校、260名学生参与,举办的第4届金融投资模拟交易大赛,共44所高校、776支队伍、2 328名学生参加。同时,定期召开理事会和研讨会,联盟院校学者及企业专家近1 500人次参加线下线上研讨会。联盟成员之间进行深入交流和合作,分享最新的教学理念和方法,探讨当前的热点问题和前沿动态,促进教育改革和行业发展,拓展知识面和视野,激发创新思维和求知欲望。这些互联互通的举措,使得联盟成员可以在多区域进行学习、实践、竞赛和研讨,促进人才培养的全面发展。

总之,通过建立联盟链,金融学院和其他高校、企业可以在育人价值观、培养标准和行动框架上相互协调,实现高校个体目标与联盟整体利益的相对一致。同时,多区域学习、实习、竞赛和研讨的互联互通方式提高了人才培养质量,为高校产教融合和人才培养提供了坚实的支撑和保障,也为金融行业提供了强有力的人才支持。

第三节　福建江夏学院金融学院产教融合创新与成果

一、产教融合+创新创业理念的引入

2014年9月,李克强总理发出"大众创新、万众创业"的号召,高校作为当前创新创业教育的主阵地,承担着培养高素质创新创业人才、实现国家创新驱动战略的重任。根据2015年5月颁布的《国务院办公厅关于深化高等学校创新创业教育改革的实施意见》,高校创新创业教育必须解决实践平台短缺、指导帮扶不

到位、创新创业教育体系不健全等问题,并形成可复制、可推广的成果。

针对这一情况,福建江夏学院金融学院在借鉴创新育成中心经验的基础上,探索出了将创新创业与产学研高度融合并可持续性发展的实践教学体系模式。具体实现路径如下:

(一)夯实创新创业教育基础

福建江夏学院是"福建省首批深化创新创业教育改革示范高校",明确将创新创业置于发展战略的内容之一,并协同二级学院做好创新创业教育、创业项目孵化和创业项目产业化服务。金融学院作为学校最大的二级学院,将创业教育写入人才培养目标,努力培养具有创新能力和创业精神的复合型高端人才。为此,学院发挥行业背景和产业优势,与校外企业深度合作,重新梳理专业人才所需职业岗位能力及知识结构要求。在课程设置上,突出应用型特色,打破产学界限,选聘行业精英进入课堂,全力培养符合市场需求的专业人才。

(二)大学生创业孵化计划

福建江夏学院金融学院大力支持大学生创业孵化计划,利用大学生创业孵化基地,提供创业指导、培训、资金、场地等服务。金融学院采用"社团+指导教师+实践基地"的运行框架,为学生提供专门的创新创业实践基地,开办创新创业项目路演会、组织创新创业赛事等活动,形成了融合社团的"三加一"创业教育模式。为了选拔和培养具有创新创业潜力的人才,金融学院采用"成长进阶式"创新创业教育人才分类培养理念,并构建"点金世界"实践基地和大学生创新创业服务平台。通过这些工作,金融学院已成功孵化出一批具有市场潜力和社会价值的创业项目,如综合智慧服务平台和智能投顾项目,展示了学生的创新能力和创业精神,并体现了产教融合的优势和成果。

(三)产业研究与咨询

金融学院注重将产业研究与咨询与课程体系相结合,综合培养学生的理论素养和实践能力。金融学院依托福建省社科金融风险管理研究中心、福建省数字金融协同创新中心、福建省金融科技创新重点实验室、金融人才创新实验教学示范中心,开展了一系列针对金融行业的研究课题和咨询项目,如福建省绿色产业发展研究、福建省数字经济发展环境问题研究等。金融学院还与省农信联社共建"金融服务乡村振兴研究院",在数字普惠金融、绿色金融、红色金融等特色研究领域取得系列高水平成果,有力助推福建乡村振兴战略的实施。这些课题和项目不仅为政府部门和企事业单位提供了有价值的研究成果和咨询意见,也为学生提供了深入了解产业现状和动态的机会,增强了他们分析问题和解决问题的能力。

(四)技术转移与成果推广

金融学院注重将技术转移和成果推广与社会服务相结合,培养学生的社会责任感和公益意识。除了利用福建省金融科技创新平台开展技术转移和成果推广活动外,还通过探索"红色基因密码行动"、利用福建货币文化、深化本土文化与金融学科的结合、举办金融知识讲座、推广金融科技产品等方式,为社会各界提供普及金融知识、改善金融服务、支持公益事业等多方面的服务。同时,学院还利用区块链技术构建普惠金融服务平台,为中小微企业、农村地区、贫困地区和边远地区等地区的特定群体提供便捷、低成本、高效率的金融服务,加强与社会组织和慈善机构的合作,为社会公益事业提供金融支持和服务。这些活动促进了福建省本土文化的传承和创新,推动了金融行业的数字化转型和升级,加强了学院与社会各界的联系和合作,充分发挥了高校在技术转移与成果推广方面的作用和价值。

二、"三进阶、两融合、一转化"金融类应用型人才培养系统的构建

金融学院致力于建设福建省示范性应用型本科高校,并率先进行产教深度融合的改革与实践,形成了以"三进阶、两融合、一转化"为特征的金融类应用型人才培养系统。在学科专业支持和人才培养方面进行了创新重构,设计了独特的人才培养特质,并建立了产教深度融合、校企衔接的高效机制,形成了备受赞誉的"江夏方案"。

为了实现这一成果,学院依托省级重点学科专业、示范性应用型专业群和产业学院展开了 7 项省级教改项目研究。经过十余年的改革与实践,坚持以供需结构匹配为导向,采取了三项主要措施:推动从单一专业到专业群再到产业学院的"三进阶"发展,建立财富管理产业学院,打造"一体五梯"的学科到课程全链条支撑体系,以支持复合应用型金融人才的培养,解决了金融产业链与教育链"两张皮"、专业壁垒导致复合应用型人才培养支撑不足的问题;通过产教"两融合"的内部改革,创新推进"一课五教"的深度改革模式,为培养高质量人才做出努力,解决了金融人才培养同质同构及人才专业能力、就业能力和创新创业能力"三大能力"不强的问题;将合作资源转化为办学资源,并持续扩大资源空间,形成了典型的"企向校"资源转化模式,解决了金融产业链与教育链不匹配、专业壁垒导致人才培养不足以及资源投入不足等问题。创新之处具体表现在以下几个方面:

（一）率先形成金融业产与教、校与企"发展共同体"

金融学院从传统的"合作伙伴"转变为新型的"发展共同体"。将二级学院整体纳入产业学院框架，以产业逻辑为导向，精准构建服务于财富管理行业的学科专业完整体系，实现了校企深度参与决策、建设和管理。在人才培养、教学资源、教师队伍、平台基地、应用科研等方面进行共同建设，逐步将经费、师资、技术和专用设备等资源投入转向企业方，显著改善了学校方面的办学资源和育人环境。学校赋予企业方人才订单培养、科技人才支持和企业成长方案设计等教育红利，尤其帮助福建星嘉合教育科技有限公司从零到一、逐渐壮大。该公司的重要发展与学校的支持密不可分，企业方成为受益者。

（二）首创"特质特构"系列金融应用型人才培养模式

学院从传统的同质化培养变为因材施教的特质特构模式，以培养卓越的"金融文化传承者、金融行业工作者、金融发展推动者"为目标，着力提升学生的专业能力和就业能力。创新构建了证书教育、订单培养和学徒制度相结合的开放式人才培养模式，将证书考试培训、订单班或实验班培养以及现代学徒制度相融合，将金融类职业标准和行业规范纳入课程体系，为学生打通精准就业通道，显著提高企业的留用率，填补了高质量就业的鸿沟。同时，注重提升学生的创新创业能力，创新构建了"企业＋导师、赛事＋项目、扶持＋孵化"的三级选拔和"普识教育、分类培养、大赛选拔、组建团队"的四层培养的成长进阶双创教育人才培养模式。学生的创新创业能力显著提升，成果转化和创业孵化持续推进，学生的创业率在8%到10%的区间内。

（三）打造"一课五教"一体化创新性改革范本

学院从以往的"以师为中心"转变为以"学生为中心"的教学模式。通过深入进行课堂革命，打破原有的行政班级体制，重新分配学生到不同能力培养教学模块；在第二课堂开展专业认知活动、企业虚拟活动、学科竞赛和参与课题等。优化教师授课结构，每节课安排不同公司的专家进行专业认知讲座，实务课程由校企共同授课，专业选修实践课由企业方授课。深化教学方法创新，推行案例式、启发式、项目式和翻转式教学改革，形成并推广多维互动式的教学方法。为满足实验课堂需求和学生能力要求，学院推进了教材改革。除已出版的系列实训教材（8本）外，还利用国家级兴业证券投教基地资源，增加了最新的投资者教育材料和案例，通过二维码提供扩展案例和相关课程视频等内容，出版发行《个人理财理论与实务》《金融衍生工具理论与实务》《固定收益证券理论与实务》等教材。同时，开发了拥有知识产权的教学系统,如期权定价教学演示系统等教学工具。转变教学管理方式,将学生评价从单纯的分数评定转向注重过程性和能力性考核,毕业论文设计要求突出解决行业热点、难点和焦点问题。

三、"专业链+产业链+联盟链"的三链融合教育闭环

金融学院以财富管理专业群为核心,构建了"专业链+产业链+联盟链"的三链融合教育闭环,实现了育人主体的深度融合、育人资源的有效整合、育人实践的全程衔接和育人成效的全面提升。

(一)专业链:打造省级示范性财富管理专业群

金融学院以国家级一流专业金融学与投资学、省级一流专业金融科技、经济统计学(金融分析)为基础,组建了省级示范性财富管理专业群,涵盖了普惠金融、金融科技、大资管等领域,采用模块化课程体系,实现了课程资源的共享和优化。同时,学院还建立了省级财富管理教学团队,汇集了来自不同高校、机构和领域的优秀教师,形成了多元化、专业化、高水平的教师队伍。

1. 专业群建设遵循的原则

以市场需求为导向,紧跟行业发展动态,及时调整专业设置和课程结构,培养适应数字经济时代的财富管理人才。

以学科交叉为特色,突破传统学科边界,促进不同学科之间的知识共享和创新融合,培养具有宽广视野和综合素养的财富管理人才。

以实践能力为重点,强化理论与实践相结合,增加实践教学比重和难度,培养具有实战经验和创新能力的财富管理人才。

2. 专业群建设取得的成果

(1)专业设置更加科学合理

学校根据市场需求和行业发展趋势,及时调整专业设置和课程结构,打造了面向普惠金融、金融科技、大资管时代的财富管理专业群,获评省示范性专业群。以省级重点学科应用经济学为基础,构建了"学科+专业+实践基地+实验中心+研究中心"协同发展的13个国家级、省级学科专业平台,营造了财富管理类人才培养的良好环境。

(2)课程体系更加完善创新

采用模块化课程体系,将课程分为通识教育模块、基础教育模块、核心教育模块、方向教育模块和个性化教育模块。通识教育模块包括思想政治理论课、公共必修课等;基础教育模块包括数理统计、微观经济学、宏观经济学等;核心教育

模块包括货币银行学、证券投资分析、公司理财等;方向教育模块包括普惠金融、金融科技、大资管等;个性化教育模块包括选修课、创新创业课程等。这些课程体系既保证了各专业之间的共性知识和技能的传授,又体现了各专业之间的差异性知识和技能的培养。

(3)教师队伍更加高素质、多元化

打造了一支跨学科、跨专业、创新型的省级财富管理应用教学团队,"双师双能型"教师比例达80％以上,团队教师获得全国优秀教师、全国优秀金融教育工作者、省级教学名师、省级杰出青年科研人才等荣誉。在教学业绩上,获国家、省级各类教学竞赛13项,获省级以上教学改革项目及教学成果16项;在科研业绩上,教师承担国家社科基金等省级以上及国家开发银行总行、国家税务局、中国科学技术协会、省农业厅委托课题71项,在核心期刊上发表的论文有74篇,11项决策咨询报告被《成果要报》《八闽快讯》等刊发,获省领导批示4项。

(二)产业链:深化产教融合协同育人

金融学院以培养行业紧缺人才为定位,设立了财富管理学院,深化了与企业、政府等社会各方面的产教融合协同育人。学院与企业共同开发课程、联合进行科研创新等活动,使育人过程更加贴近实际需求,为学生的职业发展提供全方位支持。此外,学院建立了多种实践教学平台,特别是产业实训基地,为学生提供了多种实践机会。在实践过程中,学校与企业、政府等社会各方面紧密合作,实现了育人实践的全程衔接。

1. 产教融合协同育人遵循的原则

以需求导向为前提,在深入调研市场需求和行业发展趋势的基础上,制定符合行业标准和企业要求的人才培养方案。

以资源共享为基础,在充分利用校内资源的同时,积极引入校外资源,搭建开放式协同育人平台。

以过程互动为关键,在强化校内教育的同时,加强校外实践,在理论与实践相结合中促进知识和技能的转化和应用。

以效果评价为保障,在注重过程考核的同时,重视结果评价,建立科学合理的评价体系和机制,及时反馈和改进育人质量和效果。

2. 产教融合协同育人取得的成果

(1)人才培养方案更加贴合行业需求

学院与企业共同制定人才培养方案,使教学内容和教学方法更加符合行业需求和发展趋势。金融学院量化投资方向开设创新创业教育改革试点专业,并成功入选福建省高等学校创新创业教育改革项目的立项重点专业。学院金融学获批国家级一流本科专业建设点,投资学获批省级一流本科专业建设点。

(2)实践教学平台更加丰富多样

学院以产业实训基地为核心,建立了覆盖校内外、理论与实践、基础与专业、课内与课外的实践教学体系,为学生提供了模拟真实工作场景的实验环境。自2018年起,点金世界实践基地开始开展寒暑假的实习实践活动,最初只针对量化双创班的学生。随着产教融合的深入,陆续吸引了包括福建师范大学、福建农林大学、福州外语外贸学院、闽江大学等院校的学生参与实习实践。2019年暑期实习生计划中,学院共对接全市12家金融机构、49个岗位,覆盖全市9所高校,受众人数约1 500人,共收集简历347份,经过面试配对结束后,共有40名同学成功签约。2022年的寒假实习中,实践基地吸引了福建省内23所高校260名在校大学生参加,提供多种实习岗位,并根据实习情况进行考核评分,向符合条件的学生提供就业岗位。实践基地相关活动,如图3-18所示。

图3-18 实践基地相关活动

(3)育人效果更加显著优异

学院通过三链融合教育闭环,不断提高教学质量和育人水平,达到了育人效果的全面提升。学院不仅注重学生知识技能的培养,还注重学生综合素质的提高、职业规划的指导等方面,让学生拥有更强的就业竞争力和更好的人生发展前景。在学生就业上,就业对口率逐年提高,毕业生工资平均待遇高于同类学校同类专业学生,毕业生受到用人单位青睐,如福建省农信社全体员工中来自福建江夏学院金融学院培养的财富管理人才占比高达20%,建设银行福建分行每年新增员工近10%来自福建江夏学院金融学院,用人单位普遍反映"上手快,专业功底扎实,相当部分学生能独当一面";在学生创业上,毕业生创立投资有限公司,管理资产规模达1.2亿元以上,毕业生发行基金产品,操盘资金达2 000万元以上,大学生创业项目从学校走向全国27个城市,拥有48个连锁店,资产近1 500万元。

(三)联盟链:构建开放式协同育人平台

金融学院以服务社会发展为使命,建立了多层次、多形式的开放式协同育人平台,构建了联盟链。学院通过汇聚省内外兄弟院校及行业协会、龙头企业等多方力量,定期召开产教融合育人研讨会议,围绕人才培养方案、课程资源研发、实验实训基地、学科专业竞赛、师资队伍建设、教学科研交流、人才毕业就业等领域构建开放共享机制,推动联盟成员课程互选、基地互用、信息互通、设备互享、团队互融、经验互学,较好地解决了高校间存在的资源条块分割、人才培养质量标准不统一、学科专业建设缺乏合力等问题。

1. 联盟链建设遵循的原则

以资源互补为目标,在尊重各方利益和需求的基础上,充分发挥各方优势资源,实现资源共享和优化配置。

以合作共赢为原则,在遵循市场规律和契约精神的基础上,建立公平合理的利益分配机制,实现利益均衡和协调发展。

以创新驱动为动力,在坚持开放包容和求同存异的基础上,激发各方创新活力和潜力,实现创新共享和持续发展。

2. 联盟链建设取得的成果

(1)促进专业共建与人才共育

联盟成员形成统一的育人价值观、培养标准和行动框架,实现高校个体目标与联盟整体利益的相对一致。联盟秉持对外开放理念,动态调整联盟成员,与产业行业企业保持密切互动,构建内部成员利益关联、有机互动,与外部环境有效沟通的生态系统,促进专业共建与人才共育。联盟平台实现了与全国众多高校的课程共享、教材使用、研究生联合培养等合作,并举办了海峡两岸大学生职业技能大赛等活动,扩大了国内外的影响力。

(2)教学成果丰厚

校企合作的课程、项目、实践等也获得了多个奖项和成果,如2018年6月《立足行业,因需施教——基于高端应用型投资人才培养的教学改革与实践》获得校级教学成果一等奖,并获得省级教学奖评选资格的推荐;2020年6月《应用型本科创新创业基地建设探索与实践——以福建江夏学院量化投资双创实验班为例》获得校级教学成果二等奖；2020年12月《"三进阶、两融合、一转化"金融类应用型人才培养的系统改革与实践》获得省级高等教育教学成果奖二等奖；2022年12月《"专业链＋产业链＋联盟链"三链融合下财富管理人才培养的探索与实践》获省级高等教育教学成果奖二等奖。

(3) 社会关注度不断提升

在媒体关注上，"三链融合"育人模式的创新探索得到《中国教育报》《福建日报》及中国教育网、人民网、网易网、腾讯网等主流媒体专题或专项报道。在参观调研上，教育部金融教指委专家，福建省委、教育厅等领导，中央财经大学、复旦大学等高校学者，用人单位高管等共计10 000余人次到学院实验教学中心参观调研，充分肯定了学院的人才培养模式。此模式在教育部本科教学合格评估中受到专家组的高度评价。

(4) 对外合作交流不断提升

金融类线上一流课程获得了40所高校近1万名学生选课，9本财富管理类系列实验教材被全国众多高校使用。基于校企共同开发的银行沙盘软件与实验室，连续4届承办"海峡两岸大学生职业技能大赛"，吸引省内外40所高校计1 000余名学生参赛；2018年12月，校企合作模式被福建省教育教育厅编入《福建省本科高校应用型建设案例汇编》，向全省应用型高校推广；校企合作开发的"产教融合智能量化投资人才培育系统"在第十七届中国·海峡创新项目成果交易会展示；东海大学等3所台湾高校与我校共同培养两岸互通型财富管理人才。"产教融合智能量化投资人才培育系统"亮相第十七届中国海峡创新项目成果交易会，如图3-19所示，案例入选《福建省本科高校应用型建设案例汇编》，如图3-20所示。

图3-19 "产教融合智能量化投资人才培育系统"亮相第十七届中国海峡创新项目成果交易会

图 3-20 案例入选《福建省本科高校应用型建设案例汇编》

第四节 福建江夏学院金融学院产教融合的挑战与前景

一、产教融合过程中面临的挑战

福建江夏学院金融学院作为一所以金融类专业为主的应用型学院,积极探索产教融合的路径和方法,取得了一定的成效。但在实践中,也面临着一些挑战和困难,主要表现在以下几个方面:

(一)人才培养需求与市场需求不完全匹配

金融行业是一个竞争激烈、高度专业化且动态变化的行业,对人才的要求也在不断提高和更新。金融学院在人才培养方案的制定、课程体系的设置、教学内容的更新、实践教学的安排等方面,虽然与行业内的企业保持了沟通和合作,但仍然存在一些差距和滞后,难以及时适应市场需求的变化,导致部分毕业生的专业知识和技能与用人单位的要求不符,影响了毕业生的就业质量和满意度。具体来说,就是金融学院课程的开发和设计需要时间,校内师资知识体系滞后需要更新,行业导师对于案例分析等方面有着丰富的实践经验,但他们又缺乏较为系统和全面的授课经验,同时专业实验室建设、数据分析平台等资源的建设也存在滞后现象情况。这些问题都造成了金融学院人才培养方案与市场需求之间不完全匹配的问题。

为了解决这些问题,金融学院将会采取以下措施:一是加强与行业企业的沟通和合作,及时了解市场需求和趋势,调整和更新课程体系、教学内容和实践教学安排,以提高毕业生的就业质量和满意度;二是完善师资队伍,提高教师的教学水平和实践经验,加强教师的行业背景并提高其专业能力,注重实践教学和案例分析,提高毕业生的实际操作能力和解决问题能力;三是加强实验室建设和数据分析平台建设,为学生提供更好的实践机会和技术支持,培养学生的实际操作能力和数据分析能力,以适应金融行业的快速发展和变化;四是强化就业指导和服务,提供更全面的就业信息和渠道,帮助毕业生了解行业发展和就业趋势,提高毕业生的就业能力和竞争力;五是推行终身学习理念,鼓励学生在毕业后继续学习和提升自己的专业技能和知识水平,以适应行业的变化和发展。

(二)产教融合机制不够完善

金融学院在构建"专业链-产业链-联盟链"的三链融合模式时,虽然建立了一些合作平台和项目,但机制上仍存在一些不足。首先,校企合作协议缺乏法律效力和约束力,难以保障双方的权益和责任。金融学院与企业签订的合作协议,双方约定了合作目标、内容、形式、期限、资金等事项,但这些协议没有具体的执行细则和违约责任。一旦出现合作纠纷或变更情况,双方很难通过法律途径解决问题,甚至会影响双方的正常运行和发展。

其次,校企合作项目缺乏有效的评估和监督机制,难以保证项目的质量和效果。金融学院与企业开展了多项校企合作项目,涉及人才培养、技术研发、社会服务等领域,但这些项目往往缺乏明确的目标、标准、流程、指标等要求,也缺乏定期的检查、评价、反馈等环节,导致项目的实施效果难以衡量和评估,校企双方也难以及时发现和解决问题。

再次,校企合作人员缺乏激励和保障机制,难以调动双方的积极性和主动性。参与校企合作项目的教师和学生,在工作量、待遇、职称、学分等方面没有得到相应的认可和奖励,甚至还要承担额外的风险和压力。参与校企合作项目的企业人员,在时间、资金、技术等方面没有得到相应的支持和补偿,甚至还要面临竞争对手的威胁和挑战。这些都影响了双方参与校企合作项目的动力和效率。

为了完善产教融合机制,金融学院将会采取以下措施:一是加强校企合作协议的法律效力和约束力,明确双方的权利和责任,保障双方的合法权益;二是建立有效的校企合作项目评估和监督机制,确保项目的质量和效果,及时发现和解决问题;三是建立校企合作人员激励和保障机制,提高双方的积极性和主动性,鼓励更多的教师和学生参与校企合作项目,推动产教融合的深入发展。

(三)产教融合资源不够充分

金融学院在推进产教融合时,虽然利用了一些内外部资源,但仍然存在一些不足。比如,教师队伍结构不够合理,虽然具有行业背景和实践经验的双师型教师,但大部分老师后续没有再进行职业教育,与市场存在一定的脱节;实验实训基地设施不够先进,缺乏与行业前沿技术相对应的实验设备和软件;校企合作资源不够广泛,缺乏与更多优质企业和机构建立长期稳定的合作关系。

为了充分利用产教融合资源,金融学院将会采取以下措施进行改良:一是加强教师队伍建设,增加教师的实践经验,鼓励教师参加职业教育和培训,保持与市场的接轨;二是加强实验实训基地建设,引入更先进的实验设备和软件,确保学生能够接触到最新的技术和设备,提高学生的实践能力和竞争力;三是拓展校企合作资源,与更多优质企业和机构建立长期稳定的合作关系,提供更多的实践机会和就业岗位,促进产教融合的深入发展。

(四)产教融合质量不够高效

金融学院在开展产教融合活动时,虽然注重了质量和效果,但仍存在一些问题。比如,产教融合活动缺乏统一的规划和协调,导致部分活动重复或冲突;产教融合活动缺乏科学的设计和安排,导致部分活动形式单一或内容空洞;产教融合活动缺乏有效的反馈和改进,导致部分活动难以形成持续性或可持续性发展。例如,金融学院的部分产教融合活动只是按照惯例或要求进行,并没有根据实际情况或目标进行调整或优化;部分产教融合活动只是安排了一些基本的讲座或培训,并没有结合具体的案例或问题进行深入的探讨或解决;部分产教融合活动只是完成了一些表面的任务或指标,并没有收集或分析相关数据,也没有反馈进行评估或改进。

为了提高产教融合的质量和效率,金融学院将会采取以下措施:一是建立产教融合活动的规划和协调机制,制定产教融合的年度计划和目标,统筹各项活动,避免重复和冲突;二是加强产教融合活动的设计和安排,注重活动的科学性、实践性和针对性,根据不同的目标和需求,设计多样化的活动形式和内容,结合具体案例和问题进行深入的探讨和解决;三是建立产教融合活动的反馈和改进机制,收集和分析相关的数据和反馈信息,及时评估和改进活动,提高活动的质量和效率;四是加强与企业和行业的联系,了解市场需求和趋势,根据市场需求和趋势调整和优化产教融合活动,提高活动的针对性和实效性。

(五)学生对产教融合的参与度不高

学生是产教融合的主体和受益者,需要积极参与和主动学习。但目前,部分学生对产教融合的认识和态度还存在一些问题,如缺乏对产教融合的兴趣和热情,认为产教融合是增加了学习负担或降低了学习水平;缺乏对产教融合的信心和能力,认为产教融合是提高了学习难度或超出了学习范围;缺乏对产教融合的责任和担当,认为产教融合是由老师或企业安排或指导,而不是由自己主动选择或掌控。

为了提高学生参与产教融合的积极性和效果,金融学院将会采取以下措施:一是加强对产教融合的宣传和教育,通过多种渠道和形式向学生介绍产教融合的重要性和意义,让学生了解产教融合的实践价值和未来发展趋势;二是设计和实施多样化、有趣味性的产教融合活动,如实践项目、企业 visits、竞赛和论坛等,吸引学生参与和探索,激发学生的学习热情和创造力;三是加强对学生的指导和支持,提供多种学习资源和技能培训,帮助学生克服学习难点和挑战,提高学习效果和实践能力;四是加强与企业的联系和合作,提供更多的实践机会和资源,让学生更好地了解行业和市场,增强实践能力和职业素养;五是加强教师队伍建设,提高教师的实践经验和行业背景,为产教融合活动提供更好的指导和支持。

(六)社会对产教融合的认知和支持不够

社会是产教融合的背景和环境,需要理解和支持。但目前,部分社会人士对产教融合还存在一些误解和偏见,如认为产教融合是降低了高等教育的水平或质量,是将高校变成了职业培训机构或企业附属机构;认为产教融合是损害了高等教育的公平或公正,是将高校资源分配或倾斜给了部分企业或行业;认为产教融合是削弱了高等教育的独立性或自主性,高校将受制于企业或市场的利益或需求。

为了促进社会对产教融合的认知和支持,金融学院将会采取以下措施进行改良:一是通过多种渠道和形式,向社会公众介绍产教融合的意义和作用,如举办产教融合论坛、发布产教融合案例和报告等,让社会公众更全面地了解产教融合的实践效果和发展趋势;二是加强与企业和行业的合作,建立稳定的合作关系,共同推进产教融合,探讨如何将高校和企业的优势资源相互融合,促进产业发展和人才培养;三是加强对产教融合的评估和研究,通过客观、科学的数据和证据,向社会公众展示产教融合的实践成果和优势,提高社会公众对产教融合的认知和支持;四是加强高校与社会的联系和沟通,建立更加开放、包容的交流平台,促进高校和社会各界的互动和合作。

二、产教融合的未来发展前景

福建江夏学院金融学院在推进产教融合的过程中,虽然遇到了一些挑战和困难,但也展现出了良好的发展潜力和前景。主要表现在以下几个方面:

(一)政策环境有利于产教融合发展

近年来,国家和地方政府都高度重视产教融合工作,并出台了一系列政策措施来支持和引导高校与行业企业深化合作。比如,《国务院关于深化职业教育改革创新发展若干意见》《国务院关于加快推进现代职业教育体系建设若干意见》《国务院关于促进高校毕业生就业创业工作若干意见》等文件都明确提出了加强校企协同育人、推进产学研用深度融合、培养高素质应用型人才等目标任务,并给予了相应的资金支持、税收优惠、评价激励等政策支持。这为福建江夏学院金融学院深化产教融合提供了有利的政策环境。

(二)市场需求有利于产教融合发展

随着我国经济社会发展进入新阶段,金融行业也面临着新的机遇和挑战。金融科技、绿色金融、普惠金融、数字货币等新兴领域不断涌现,对金融人才提出了更高、更多样化的要求。同时,金融风险防控、消费者权益保护、社会责任履行等传统领域也需要更多、更优秀的金融人才来支撑。这为福建江夏学院金融学院培养适应市场需求、具有创新精神和实践能力的应用型人才提供了广阔的市场空间。

(三)社会资源有利于产教融合发展

福建省是我国东南沿海经济发达省份之一,也是海峡西岸经济区核心区域之一。福建省拥有丰富多样的社会资源,包括众多优质企业、行业协会、科研机构、社会组织等,这些社会资源为福建江夏学院金融学院开展产教融合提供了强大的社会支持。同时,福建省也是闽台交流合作重要窗口之一,在两岸经济文化交流中发挥着重要作用。这为福建江夏学院金融学院拓展国际国内视野、促进海峡两岸人才交流提供了独特的地理优势。

(四)内部条件有利于产教融合发展

福建江夏学院金融学院具有较强的办学实力和特色,在人才培养、科研创新、社会服务等方面取得了显著成绩,并形成了"专业链－产业链－联盟链"的三链融合模式。学院拥有一支高水平的师资队伍、一批高水平的科研平台和实践基地,包括福建省金融创新与发展研究中心、福建省金融科技与风险管理研究中心、福建省金融投资与财富管理研究中心、福建省金融人才培养基地等,为学院开展产教融合提供了良好的硬件条件。

综上所述,福建江夏学院金融学院在推进产教融合方面具有良好的发展前景。通过与金融企业合作开展校企双导师制、校企共建课程、校企共建实训基地等多种形式的产教融合项目,福建江夏学院金融学院提升了学生的专业能力和就业竞争力,促进了金融教师的专业发展和教学创新。但同时,我们也清醒地认识到,产教融合是一个长期、复杂、系统的工程,需要不断探索创新、完善机制、提高质量和增强效果。因此,在接下来的章节中,本书将探讨如何根据产教融合的目标和要求,制定合理的评价指标体系,有效衡量产教融合的效果和质量,并为产教融合提供持续优化的方向和策略。

第四章
金融类专业产教融合的质量评价与持续优化

产教融合作为一种有效的人才培养模式,在促进校企合作、优化课程体系、创新教育模式、建设师资队伍、加强实践教学、促进区域协同等方面起着重要作用,有望提高金融类专业人才培养的质量和水平。然而,尽管产教融合已经被广泛应用,但其评价体系仍然不完善,质量监控也存在不足,持续发展的问题亟待解决。因此,本章将探讨如何构建金融类专业产教融合的评价体系并实施评价,如何建立相关的质量监控与保障机制,以及如何制定金融类专业产教融合的持续发展策略。通过本章的研究和分析,旨在为金融类专业的产教融合提供有效的指导和建议,推动其向更高质量和可持续的方向发展。

第一节 金融类专业产教融合的评价体系构建与实施

金融类专业产教融合的评价体系是指对金融类专业人才培养过程和结果进行科学有效的监测、分析和评估的制度和方法。评价体系的构建是产教融合改革的重要保障和推动力,既要符合教育规律和评价原则,又要适应金融行业特点和发展趋势。评价体系的目标应该以市场就业需求为导向,并强调质量监控和机制创新。

一、目标导向

金融类专业产教融合的目标定位应根据国家战略需求、行业发展趋势和市场就业需求明确培养目标、规模、层次、方向和特色等基本要求。目标要坚持以就业为导向,以市场为依据,以质量为核心,以创新为动力,以服务为宗旨,实现人才培养与社会需求的有效对接。明确产教融合的目标,这是产教融合评价体系的基础和起点。

(一)提高人才培养质量

金融类专业产教融合的最根本目标是培养具有扎实理论知识基础和良好实践能力的高素质技术技能型人才。为了实现这个目标,教育机构需要与金融产业界紧密合作,设置不同方向的专业或专业群,注重跨学科交叉和综合性,突出数字化、智能化、绿色化等新特点,以满足市场就业需求和顺应行业发展趋势。同时,在掌握扎实的金融理论知识和专业技能的基础上,具备较强的创新精神和实践能力,能够适应金融行业发展变化和岗位需求,并具备良好的政治素质、职业道德和社会责任感也是金融类专业产教融合要培养的人才品质。

为了提高人才培养质量,学生需要在丰富的金融理论知识的基础上,通过实践活动来提高自己的实际操作能力。因此,教育机构需要把最前沿的金融知识和技能融入教学中,为学生提供实习和实践的机会,增强他们的实践能力和就业竞争力。同时,金融类专业产教融合需要根据国家宏观调控政策、区域经济发展规划和行业人才需求预测,科学确定各层次各方向的人才培养规模,保持适度增长和动态平衡,避免盲目扩张或过度收缩。这些措施可以为金融产业注入新的活力和动力,同时满足市场对人才的需求,促进学生的就业。

金融类专业产教融合要根据各地区各学校各专业的实际情况和优势条件,打造具有鲜明特色和优势竞争力的人才培养品牌。培养特色主要体现在以下几个方面:一是突出实践性和应用性,强化实训基地建设和校内外实践环节设置;二是突出企业参与度和协同性,深化校企合作模式和机制创新;三是突出国际视野和开放性,拓展国际交流与合作渠道和平台;四是突出创新精神和创造性,加强创新创业教育与服务。这些措施不仅可以提高人才培养质量,还可以使金融类专业产教融合在市场上具有竞争力和知名度。

(二)促进就业

产教融合的重要目标是促进学生的就业。在当前激烈的就业市场竞争中,学生需要掌握扎实的专业知识、有良好的实践能力和创新精神,以提高自己的就业竞争力。产教融合可以让学生深入了解金融行业的实际工作情况,并为他们提供更多的就业机会,从而增强他们的就业信心。为实现这一目标,我们可以从以下几个方面进行探索:

1. 建立校企共建共管共享的就业服务平台

学校和企业应该加强信息交流和资源共享,建立长效的就业服务机制。学校可以通过建立就业指导中心、就业网站、就业微信公众号等方式,及时发布企业招聘信息、行业动态、政策法规等内容,为学生提供就业咨询、辅导、培训等服务。企业可以通过参与校园招聘会、组织专场宣讲会、开展实习基地建设等方式,向学生展示企业文化、发展前景、岗位需求等内容,为学生提供就业指导、实习机会、正式录用等机会。

2. 建立校企协同育人的人才培养模式

学校和企业应该深化教育教学改革,构建符合金融行业特点和需求的人才培养模式。学校可以通过调整课程设置、优化教学内容、改革考核方式等措施,增强专业课程的实践性和针对性,培养学生的专业素养和核心能力。企业可以通过参与课程设计、提供案例素材、邀请专家授课等方式,将最新的金融知识和技能引入到教学中,培养学生的创新意识和增强他们的实践能力。

3. 建立校企合作的人才选拔机制

学校和企业应该加强人才选拔标准和流程的协调,构建公平公正的人才选拔机制。学校可以通过建立综合素质评价体系、完善毕业生档案管理制度、提供毕业生推荐信等方式,全面反映学生的专业水平和综合素质,为企业提供真实可靠的人才信息。企业可以通过参与毕业论文评审、开展专项考核测试、组织面试答辩等方式,全面考察学生的专业知识和实践能力,为学校提供及时有效的反馈意见。

这些措施可以加强学校和企业之间的合作,为学生提供更多的就业机会和培养优质人才的平台,同时也有助于满足市场对人才的需求,促进学生的就业。

(三)推动金融产业发展

产教融合的第三个目标是推动金融产业的发展。教育是人才的摇篮,也是推动产业发展的重要力量。通过产教融合,教育机构可以及时了解金融行业的发展动态和需求,调整教学内容和方法,培养出更符合行业需求的人才。同时,学校与企业的紧密合作,也有助于促进教育科研成果的转化,为金融产业的发展提供智力支持。为实现这个目标,我们可以从以下几个方面进行探索:

1. 建立金融学专业与金融企业的合作机制

金融学专业是培养金融人才的重要基地,金融企业是吸纳金融人才的主要渠道。两者之间应该建立长期稳定的合作关系,实现人才培养和人才需求的有效对接。具体措施包括:一是建立校企联合培养机制,通过签订协议、设立奖学金、开展双向交流等方式,让学生在校期间就能接触到金融企业的实际工作环境,了解企业岗位需求,提高就业匹配度;二是建立校企共建课程机制,通过邀请企业专家参与课程设计、讲授、评估等环节,让课程内容更贴近金融行业的最新发展和技术变革,提高教学质量和效果;三是建立校企共享资源机制,通过共建实验室、实训基地、创新中心等平台,让学生能够利用企业的先进设备、数据资源、创新项目等资源,提高实践能力和创新能力。

2. 建立金融学专业与金融科技的结合模式

金融科技是金融行业的重要驱动力和变革力量,也是金融人才培养的重要方向和内容。金融学专业应该紧跟金融科技的发展趋势和需求变化,积极探索与之相结合的教育模式。具体措施包括:一是加强课程设置和更新,增加涉及人工智能、大数据、区块链、云计算等技术在金融领域应用的课程内容,培养学生的数字化思维和技能;二是加强师资队伍和条件建设,引进具有跨学科背景和经验的教师和研究人员,加大对教学设备、软件平台、数据资源等方面的投入和支持;三是加强校内外协作和交流,在校内与其他相关院系或专业开展跨学科教学和研究项目,在校外与金融科技企业或机构开展合作培养或实习就业项目。

3. 建立金融学专业与国际化视野的拓展路径

随着经济全球化和数字化的深入发展,金融行业面临着更加复杂多元的国际环境和竞争挑战。因此,金融学专业需要培养具有国际化视野和竞争力的人才,为我国金融产业走向世界提供智力支撑。具体措施包括:一是加强国际交流与合作,利用"一带一路"倡议等平台,与沿线国家或地区的高校或机构开展联合办学、师生交流、科研合作等项目,拓宽学生的国际视野和文化认知;二是加强外语教学与应用,增加外语课程的比重和难度,鼓励学生参加国际认证考试或竞赛,提高学生的外语水平和沟通能力;三是加强国际化案例与实践,引入国际上最新最前沿的金融案例或问题进行教学分析或研究探讨,组织学生参与国际性或跨境的实习或创新项目。

(四)促进目标达成

以上目标相互促进、相互联动。提高人才培养质量,可提升学生就业竞争力,推动金融产业发展;促进学生就业,既体现教育的社会服务功能,也为金融产业提供优质的人才资源,推动产业发展;推动金融产业发展,可为教育提供更多实践资源和研究题材,促进教育改革和发展。因此,在构建产教融合评价体系时,应将这些目标作为重要评价指标,从学生知识掌握、实践能力、就业情况、对行业贡献等多个角度进行全面评价,确保产教融合达成预期效果。

产教融合的目标导向不仅反映在评价体系上,还需贯穿于产教融合的全过程中。教师应结合产业需求设计富有实践性的教学内容和活动,在教学实施中引导学生将理论知识应用到实践中,提高其实践能力。在教学评价中关注学生实践表现、评价其实践能力和对金融产业的理解和贡献。此外,学校和企业需在产教融合过程中共同关注这些目标的实现。学校应与企业紧密合作,共同设计和实施教学活动,为学生提供实践机会,同时也为企业输送优质人才。企业则应积极参与到教学活动中,提供实践指导,关注学生表现和发展,为其就业提供支持。

总之,产教融合的目标导向是评价体系构建的基础和起点,也是产教融合实施的导向。只有明确这些目标,我们才能针对性地设计和实施产教融合,有效评价其效果,真正实现产教融合的价值,提高人才培养质量,促进学生就业,推动金融产业发展。

二、参与主体

在产教融合的评价体系中,我们需要明确各个参与主体的角色和职责,包括学校、企业、政府部门等。

首先,学校是金融类专业产教融合的主要推动者。学校需要提供优质的教育资源,包括教师队伍、教育设施、课程设置等。教师队伍是教育资源的核心,学校应当积极引进和培养一批具有丰富教学经验和实践经验的金融专业教师。教育设施,如图书馆、实验室、计算机中心等,是支持教学活动的重要基础。课程设置是教育资源的重要内容,学校需要根据金融产业的发展和社会需求,进行动态的课程设置和调整。另外,学校还需要在教学管理、就业指导等方面发挥作用,为学生提供全方位的服务。

其次,政府部门是金融类专业产教融合的主导者和推动者,在制定政策规划、提供资金支持、搭建平台服务等方面发挥着重要作用。政府部门包括中央政府部门和地方政府部门两个层级。中央政府部门主要包括国家发展改革委、财政部、人力资源社会保障部、教育部等相关职能部门,在统筹规划全国范围内金融类专业产教融合工作方面发挥决策性作用。地方政府部门主要包括省级及以下各级发展和改革委员会(经济计划委员会)、财政厅(局)、人力资源社会保障厅

(局)、教育厅(局)、银保监局等相关职能部门,在落实执行中央政策规划并结合地方实际开展具体工作方面发挥执行性作用。

再其次,行业组织是金融类专业产教融合的重要参与者和推动者,可以发挥行业标准制定、人才需求分析、专业建设指导、实践基地建设、师资培训等方面的作用。例如,中国银行业协会、中国保险行业协会、中国证券业协会等,都与高校和职业院校开展了广泛的合作,为金融类专业的人才培养提供了有力的支持。行业组织还可以通过组织专家评审、开展质量监测、建立评价体系等方式,对金融类专业的产教融合质量进行监控和保障,促进教育质量的提升和改进。

最后,企事业单位是金融类专业产教融合的主要实施主体和受益者,应深度参与人才培养的各个环节,提高人才培养的质量和效率。企事业单位参与产教融合的运行流程主要包括以下几个方面:与学校建立合作关系,签订协议或合同,明确双方的权利和义务,确定合作目标、内容、方式、期限等。参与学校的专业规划、课程设置、教材编写、教学设计等工作,提供行业需求、技术标准、案例素材等信息,促进教育教学水平与行业发展水平相适应。接收学生到企业进行实习实训,提供实训场所、设备、指导老师等条件,安排实训任务和内容,对学生进行考核评价。与学校共建产教融合实训基地、产业学院、工作室等平台,共享资源设施,开展联合培养、技能培训、技术研发等活动。此外,企业还可以通过赞助学校的研究项目、设立奖学金等方式,支持学校的教育工作。

总之,各参与主体在产教融合中各有其角色和职责,需要相互配合,形成合力,共同推进产教融合的实施。只有这样,产教融合才能真正实现其理想目标,培养出能够满足社会需求、具备实践能力和创新精神的优秀金融人才。

三、评价指标

评价指标是评价体系的核心内容和操作依据,应反映金融类专业人才培养的目标、过程和结果水平,突出产教融合的实效性、创新性和可持续性。它应具有科学性、可操作性、可比较性和动态性,能够反映金融类专业人才培养的质量和水平,能够促进金融类专业人才培养的改进和提升。评价指标应包括以下几个方面:

(一)人才培养目标指标

人才培养目标指标主要考察金融类专业人才培养目标是否符合国家战略需

求、行业发展规划、市场就业需求和学生个性发展等多方面因素,以及是否与产教融合的理念、模式和机制相适应。

其中,合作企业数量是评价产教融合广度的一个直观指标。合作企业的数量多少反映了学校与社会企业联系的紧密程度,以及产教融合工作的覆盖范围,对于提高学生的实践能力和就业竞争力具有重要意义。

参与学生比例可以反映出学校在学生中推行产教融合教育的覆盖程度。比例越高,说明学校在产教融合方面的工作开展得越广泛,覆盖的学生群体越广,能够更好地满足社会和学生的需求,为学生的职业发展打下坚实基础。

此外,产教融合课程比例反映了学校课程设置在产教融合方面的投入程度。产教融合课程可以帮助学生将理论知识与实际工作相结合,提高学生的实践能力,从而提高学生的就业竞争力。

学生实践时间是衡量产教融合深度的重要指标。学生在企业中的实践学习时间占总学习时间的比例越高,说明学生有更多的机会在实际工作中应用所学知识,提升自身的职业技能。

(二)人才培养过程指标

人才培养过程指标主要考察金融类专业人才培养过程中产教融合的实施情况,包括组织管理、资源保障、课程设置、教学实施、实践环节、师资队伍和质量监控等方面。这些指标能够有效促进学生的专业知识技能、创新创业能力和综合素质等方面的全面发展,符合产教融合教育的目标。

其中,企业导师参与度是一个非常重要的指标。企业导师在学生实习过程中的参与和指导情况,直接影响了学生的实习效果和实习满意度。高水平的企业导师能够帮助学生更好地理解和掌握专业知识,提高学生的实践能力,并且使学生更加适应市场需求,为其将来的职业发展打下坚实基础。

此外,学生满意度是一个反映产教融合效果的主观指标。通过调查问卷,可以了解到学生对产教融合的认知和评价,进而反映出产教融合工作的实施效果。学生满意度高,说明产教融合工作得到了学生的认可,同时也是对教育教学质量和师资队伍的一种肯定。

最后,教师与企业专家的合作比例也是一个重要的指标,这个指标反映了教师参与产教融合的程度。教师与企业专家的密切合作可以提高课程的实践性和针对性,让学生更好地应用所学知识,培养学生的创新能力和实践经验,从而提升产教融合的深度。

(三)人才培养结果指标

人才培养结果指标是评估金融类专业人才培养质量和水平的重要指标,主要包括学生的毕业率、就业率、就业质量和满意度等方面。这些指标能够反映学生在专业知识技能、创新创业能力和综合素质等方面的优势和特色,以及是否能够满足行业企业对金融类专业人才的需求。

其中,就业质量是一个非常重要的指标,包括毕业生的初次就业率、就业满意度及与所学专业匹配度等。这些指标能够衡量产教融合深度的重要程度,如果毕业生的就业质量高,说明产教融合教育有效地提高了学生的就业竞争力,达到了产教融合的目标。

(四)人才培养效益指标

人才培养效益指标主要考察金融类专业人才培养对经济社会发展的贡献和影响,以及行业企业对金融类专业人才的认可度和满意度等方面。这些指标能够反映出金融类专业人才培养对促进行业企业的技术创新、产品升级和市场拓展等方面的推动作用,以及对金融行业的转型升级、结构优化和服务提升等方面的带动作用。

校企共同研发项目数量是一个非常重要的指标,在研发领域展示了学校与企业之间的合作程度。校企共同研发项目可以提高学校在金融领域的研究水平,并为企业提供有针对性的解决方案,从而改进产品和服务,提高企业竞争力。同时,它也有助于学生将理论知识与实际问题相结合,增强他们的创新能力和实战经验,提高产教融合的深度。

另外,校企合作培训项目数量也是一个重要的指标,反映了学校与企业在人才培养方面的合作数量。这些项目可以根据企业的实际需求进行培训,提高学生的实际操作能力,以及帮助学生更好地适应市场和行业的变化。通过这种方式,产教融合教育能够更加贴近实践,为学生未来的职业发展打下更坚实的基础。

通过以上指标的综合分析,可以全面评价金融专业产教融合的广度和深度,为优化产教融合工作提供参考。实际操作中,学校、企业和政府部门可以根据实际情况,调整这些指标的权重,以更好地反映产教融合的实施效果。定期收集和分析这些指标的数据,可以发现产教融合过程中的问题和短板,从而不断优化产教融合工作,提高金融专业人才的培养质量。表4-1为金融专业产教融合评价表设计模板。

表 4-1　　　　　　　　金融专业产教融合评价表

序号	评价指标	权重(%)	数据来源	数据采集方式
1	合作企业数量	10	学校/企业	学校合作企业记录
2	参与学生比例	10	学校	学校教务系统
3	产教融合课程比例	10	学校	学校教务系统
4	学生实践时间	15	学校/企业	学校实习管理系统、企业实习记录
5	企业导师参与度	15	学生/企业	学生评价问卷、企业实习记录
6	学生满意度	10	学生	学生满意度调查问卷
7	就业质量	20	学生/学校/企业	学校就业数据、学生反馈、企业反馈
8	教师与企业专家合作比例	5	学校/企业	学校教师记录、企业反馈
9	校企共同研发项目数量	2.5	学校/企业	学校研发项目记录、企业研发项目记录
10	校企合作培训项目数量	2.5	学校/企业	学校培训项目记录、企业培训项目记录

在该设计模板中,权重的分配基于对产教融合各个方面重要性的估计。其中,合作企业数量、参与学生比例、产教融合课程比例是产教融合的基础,它们反映了产教融合在学校中的覆盖程度,被赋予了 10% 的权重。学生实践时间、企业导师参与度更多地反映了产教融合的质量,因此它们的权重相对较高,均为 15%。就业质量是一个最终的产出指标,直接反映了学生的就业情况,因此被赋予了最高的权重,为 20%。教师与企业专家合作比例反映了教师参与产教融合的程度,虽然对产教融合的影响可能没有学生的实践时间和就业质量直接,但仍是一个重要的因素,被赋予了 5% 的权重。校企共同研发项目数量、校企合作培训项目数量反映了学校与企业在研发和培训方面的合作程度,虽然它们可能没有上述其他指标直接,但它们可以提供有关学校与企业合作深度的信息,因此,各自被赋予了 2.5% 的权重。

需要注意的是,这个权重分配只是一个示例,实际的权重分配应根据具体情况和目标进行调整。例如,如果目标是提高学生的就业质量,那么就业质量的权重可能需要提高。反之,如果目标是提高教师与企业的合作程度,那么教师与企业专家合作比例的权重可能需要提高。

四、评价方法

评价方法是评价体系的具体操作方式和技术手段,应该考虑到金融类专业人才培养的多样性、复杂性和动态性,突出产教融合的参与性、开放性和互动性。

在制定评价方法时,必须认识到产教融合是一个涉及教育、产业、政策等多个方面的复杂系统,因此需要采用定性与定量相结合的方法,才能全面、准确地评价其效果。

定性评价方法主要包括访谈、观察和案例分析。通过定性评价,我们可以深入了解产教融合的实施过程,揭示其中的问题和矛盾,例如,访谈学生、教师和企业人员,了解他们对产教融合的看法和建议;通过观察学生的实习表现,了解他们在实践中的学习效果;通过案例分析,研究成功的产教融合项目,为其他项目提供借鉴思路。

定量评价方法主要包括问卷调查、数据统计和指标分析。通过定量评价,我们可以精确测量产教融合的实施效果,比较不同项目、不同学校、不同地区的产教融合效果,从而找出优秀的实践案例、学习经验,提供改进的方向和策略。例如,可以通过问卷调查,收集学生、教师和企业人员对产教融合的满意度数据,评价产教融合的质量和效果;通过数据统计,了解产教融合项目的数量、规模、类型等,评价产教融合的广度和深度;通过指标分析,如学生的就业率、实习能力提升程度等,评价产教融合的实际效果。

定性评价和定量评价是相辅相成的,它们各有优势和特点,只有将两者结合起来,才能全面、深入、准确地评价产教融合的实施效果。然而,定性评价和定量评价的结合需要在整个评价过程中有机地融合,而不是简单的叠加或混合。在定量评价中引入定性评价的思想可以关注数据背后的深层次问题和内在联系,例如,在分析学生就业率时,不能仅仅关注其数值,还需要关注就业的质量,如就业的岗位、薪资、满意度等。在定性评价中引入定量评价的思想可以注重数据的收集和分析,提高评价的客观性和准确性,例如,在进行访谈和观察时,需要通过记录、分类、编码等方式,将定性数据转化为可分析的定量数据。

此外,还需要注意,在定性评价和定量评价的结合中,我们需要明确评价目标和策略。评价目标决定了评价的重点和范围,例如,如果我们的评价目标是提高学生的实践能力,那么我们就需要重点关注和评价学生的实习表现、实践成果等。评价策略决定了评价的方式和手段,例如,我们可以采用自评、互评、专家评等多种评价方式,通过问卷调查、访谈、观察等多种评价手段,进行全面的评价。

具体来说,产教融合评价可以采用四种评价方式。自我评价由金融类专业所在学校或院系开展,结合自身办学特色和发展水平,采用问卷调查、数据分析、案例研究等方法,对金融类专业人才培养的过程和结果进行全面、客观、系统的自我评价,形成自我评价报告,并提出改进措施和发展建议。互动评价由金融类专业所在学校或院系与行业企业、社会组织、毕业生、在校生等相关利益主体共同开展,通过座谈会、访谈、论坛等形式,对金融类专业人才培养的过程和结果进行交流、反馈、沟通,形成互动评价报告,并提出合作意向和发展建议。外部评价由教育行政部门或行业协会等第三方机构进行独立、公正、科学的评估,采用专家考察、现场审核、成果展示等方法,对金融类专业人才培养的过程和结果进行外部评价,形成外部评价报告,并提出监督意见和发展建议。动态评价将金融类专业人才培养的过程和结果纳入教育信息化管理平台,实现自动化和智能化的数据采集、分析、展示,定期对金融类专业人才培养的质量和水平进行动态监测、跟踪、评估,形成动态评价报告,并提出调整措施和发展建议。

综上所述,综合运用定性评价和定量评价的理念和方法,有机地融合定性评价和定量评价,建立一个有效的产教融合评价体系可以真实、客观地反映产教融合的实施效果,提供改进的依据和方向,推动产教融合的持续发展。通过自我评价、互动评价、外部评价和动态评价等多种评价方式,可以全面、深入、准确地评价产教融合的实施效果,从而不断优化资源配置、升级服务模式,提高人才培养质量和水平。

在实践中,应当根据不同的评价目标和评价策略,选择适合的定性评价和定量评价方法,避免片面追求数据的数量和精度,注重数据的意义和价值,以及对数据进行系统性分析和解释。同时,评价结果需要及时公示,并结合具体情况制定可操作性强的改进措施,形成有力的管理决策,促进产教融合的良性循环和可持续发展。在未来,随着人工智能和大数据技术的发展,产教融合评价也将面临新的机遇和挑战。通过将传统的定性评价和定量评价与信息化技术相结合,可以实现更加智能化和高效化的评价方式,进一步提升评价的准确性和有效性。

五、评价过程

评价过程是产教融合评价体系的核心环节,也是保证评价结果有效性和可信度的关键。在评价过程中,应遵循以下基本原则:

首要原则是透明性。透明性不仅是公开、公正评价的基础,也是建立各类参与主体对评价结果信任的关键。具体操作时需要公开评价的标准、过程和结果,接受社会的监督和评议,评价标准需要清晰明了,所有参与者都能够理解和接受。评价过程应该被详细记录,可以追溯,让所有的参与者都能够了解评价是如何进行的。

核心原则是公正性。公正性要求我们在评价过程中避免任何形式的偏见和歧视,保证每个参与主体都能得到公正的评价。具体操作时需要建立公正的评价机制,确保评价的对象、内容和方法都是公正的。需要避免任何可能影响评价公正性的因素,如评价者的主观偏好、评价对象的身份地位等。

基础原则是公平性。公平性要求我们在评价过程中考虑到不同主体的特点和差异,采取差异化的评价方法,避免"一刀切"的评价方式。具体操作时需要充分了解和考虑不同主体的实际情况,制定出切合实际的评价标准和方法。需要对不同的主体进行差异化的评价,以体现它们的特性和优势。

评价过程的透明性、公正性和公平性是构建产教融合评价体系时必须遵循的基本原则。只有这样,才能确保产教融合的评价是有效的、公正的、公平的,从而推动产教融合的成功实施。

第二节 金融类专业产教融合的质量监控与保障措施

为确保金融类专业产教融合的质量和效果,需要建立多个方面的监控与保障机制。这些机制包括制度保障、管理保障、投入保障、信息保障和监督保障等。这些机制可以互相促进,协同作用,从而确保产教融合实践的有效性和高质量。

一、制度保障

制度保障是金融类专业产教融合质量监控与保障的基础,其目的是确保产教融合的有效性和高质量。政府应该制定相关政策法规、标准与规范,建立健全产教融合制度体系,明确产教融合的政策法规、标准与规范、组织架构与流程设计、激励约束机制等内容,为产教融合提供制度支持,从而推动产教融合的顺利实施。

(一)政策法规

政策法规可以起到引领和规范作用,对于金融类专业产教融合模式的发展和实践具有重要意义。政府应该加大政策研究和制定力度,逐步完善制度建设,为金融类专业产教融合提供更好的政策保障。例如,可建立金融类专业产教融合专项资金,为优秀的产教融合项目提供扶持;注重保障知识产权,鼓励企业提供技术支持和创新服务;制定税收优惠政策,鼓励企业和学校开展金融类专业产教融合实践等。

(二)标准与规范

标准与规范是金融类专业产教融合实践的重要指导和保障,可以提高金融类专业产教融合实践的透明度、公正性和可操作性。政府可以制定相关的标准和规范,加强对金融类专业产教融合工作的监督和管理,确保整个产教融合实践具有可持续性和良好的发展态势。例如,可建立一套统一的金融类专业课程体系和评价标准,为学校和企业提供参考;加强对师资队伍的培训和管理,提升金融类专业产教融合人才的素质和能力;完善知识产权等相关管理制度,保护创新成果等。

(三)组织架构与流程设计

组织架构与流程设计是金融类专业产教融合实践的重要保障,它们可以确保各项工作有序开展,提高金融类专业产教融合实践的效率和质量。政府应该建立健全的组织架构和流程设计,明确金融类专业产教融合合作机制和工作流程,加强各项工作的协调和配合,提高整体效能。例如,可建立金融类专业产教融合联席会议机制,加强各利益相关者的沟通和交流;明确学校和企业的责任和权利,加强双方的协同配合;建立信息共享平台,提高信息传递和管理效率等。

(四)激励约束机制

激励约束机制是金融类专业产教融合实践的重要推动力量,它可以提高各利益相关者的积极性和主动性,增强金融类专业产教融合实践的活力和创新性。政府应该建立有效的激励约束机制,鼓励学校和企业积极参与金融类专业产教融合实践,促进优质项目的涌现。例如,可采取多种激励措施,如给学校和企业提供财政补贴、税收减免等优惠政策,鼓励参与金融类专业产教融合实践;设立金融类专业产教融合奖项,表彰优秀的金融类专业产教融合项目和个人,促进模式创新和实践发展;建立信用评价机制,对参与金融类专业产教融合实践的学校和企业进行评级,引导其加强自身管理和实践能力。同时,应依法加强金融类专业产教融合实践的约束力度,做好相关风险防控工作,确保金融类专业产教融合实践的稳定性和可持续性。

二、管理保障

管理保障是产教融合质量监控与保障的重要环节,可以从以下几个方面具体展开:

(一)建立产教融合的组织协调机制

为了保证金融类专业产教融合的有效实施,学校和企业应共同建立产教融合办公室或专门的工作小组。该办公室或工作小组的主要职责包括:制定产教融合的长期规划和短期目标,明确双方的角色和期望;确立产教融合项目的实施步骤,分配人力和物力资源;监督产教融合项目的实施过程,确保各项工作按计划推进;对产教融合项目进行定期评估,总结经验教训,为后续工作提供参考。此外,学校和企业还可以建立联席会议制度,定期召开双方高层领导和相关部门负责人的会议,交流产教融合的实施经验,协商解决过程中遇到的问题,共同推动产教融合向更高质量、更高水平发展。

(二)建立产教融合的政策支持机制

政府在产教融合过程中发挥着关键作用。各级党委和政府应加大对产教融合的支持力度,提供以下方面的支持:制定鼓励产教融合的法规政策,为产教融合提供法律依据;提供财政支持,如资金补贴、贷款利息减免等,降低学校和企业合作的成本;提供税收优惠,如减免相关税收、免征产教融合项目的土地使用税等;制定人才培养政策,鼓励企业参与学校的人才培养工作,提高人才培养质量。学校和企业也要制定具体的政策措施,明确产教融合过程中双方的权利、义务和责任,确保产教融合的顺利进行。

(三)建立产教融合的质量评价机制

评价体系是产教融合项目的重要组成部分,对其过程和结果进行评价,是持续改进的根本保障。学校和企业应建立科学有效的评价指标体系和评价方法,包括以下方面:建立绩效评价体系,对产教融合项目的成果、质量、满意度等进行量化评价;设立第三方评价机构,保证评价的客观性、公正性和权威性;对产教融合项目进行定期或不定期评价,发现问题并及时提出改进措施;将评价结果向社会公开,接受社会监督,提高透明度和公信力。

通过上述三个机制的建立,可以有效保障金融类专业产教融合的质量和实施效果,为培养高素质金融人才、促进产业发展和社会进步做出积极贡献。

三、投入保障

投入保障是产教融合质量监控与保障的重要环节,主要包括以下方面:

(一)建立产教融合的资金投入机制

为确保金融类专业产教融合的顺利进行,学校和企业应建立稳定的资金来源,保证所需的人力、物力、财力等资源投入。具体措施如下:学校可以向政府申请专项经费,争取政策支持和资金扶持,为产教融合提供经济保障;与企业合作,共同申请产教融合项目经费,实现资源共享和优势互补;向社会募集捐赠,吸引企业和个人投资,扩大产教融合的资金来源。企业可以通过提供实习岗位、教学设备及研发项目等方式,支持产教融合,实现资源互补与共赢。

(二)建立产教融合的人才投入机制

为在产教融合中发挥人才的积极作用,学校和企业应加强对人才的激励和保障机制。具体措施如下:学校可以完善评价体系,重视产教融合工作在教师评价中的权重,激励教师参与产教融合;调整职称评审标准,将产教融合工作成果纳入职称评审,提高教师参与产教融合的积极性;设立奖励措施,对在产教融合中表现突出的教师予以表彰和奖励。企业可以提供培训机会,帮助员工提高专业技能和综合素质,提高产教融合项目的实施能力;提高待遇水平,吸引和留住具有产教融合经验的人才,促进人才流动和共享。

(三)建立产教融合的环境投入机制

为提高产教融合工作的效率和质量,学校和企业应加强环境营造和保障。具体措施如下:学校可以完善管理制度,确保产教融合工作有序进行,为产教融合提供制度保障;优化服务流程,简化与企业合作的手续,降低企业参与产教融合的门槛;加强与企业的协调沟通,共同解决产教融合过程中出现的问题,提高工作效率。企业可以完善安全保障措施,确保学生在实习过程中的人身安全和知识产权保护;优化实习条件,提供良好的实习环境和设施,增加学生实习的积极性和满意度;加强对实习生的指导和督导,提高实习生的学习效果,提升产教融合成果的质量。

通过上述三个机制的建立,学校和企业能够共同推动金融类专业产教融合的发展,形成一个互补、共赢的局面。

四、信息保障

为了监控和保障产教融合的质量,学校和企业可以建立信息保障体系。具体包括以下内容:

(一)建立信息共享平台

学校和企业可以利用互联网、大数据、人工智能等技术,建立共同的信息平台,为产教融合提供全方位的信息支持,以促进其顺利进行。这个平台包括以下内容:

产教融合政策法规,提供国家和地方政策法规的详细解读,方便各方了解政策动态和法律要求,有助于学校和企业制定符合政策法规的合作计划;课程体系,展示学校和企业共同开发的课程体系,包括课程设置、教学大纲、教学方法等,有助于各方了解课程设置的理念和具体安排,提高教学质量;教学资源,提供学校和企业共同开发的教学资源,如教材、案例、实验数据等,有助于共享优质资源,降低教学成本,提高教学效果;实习实训,提供实习实训项目的详细信息,包括项目内容、时间安排、参与条件等,有助于学生了解实习实训的具体要求,为实习实训做好准备;就业指导,提供就业市场信息、就业指导、职业规划等服务,有助于学生了解就业市场的动态,提高就业竞争力;质量评价,设立质量评价指标体系,对产教融合项目进行综合评价,为项目优化提供依据,有助于持续改进产教融合项目,提高项目质量。

(二)建立信息反馈机制

为了促进产教融合的不断优化和完善,学校和企业应该加强对产教融合的信息反馈。这包括及时收集和分析学生、教师、企业导师等各方的意见和建议,以便不断改进产教融合的内容和形式。为此,可以采用以下方式:首先,定期开展问卷调查,了解学生、教师、企业导师等各方对产教融合项目的满意度。这有助于发现项目存在的问题,为项目优化提供依据。其次,组织学生、教师、企业导师等参与访谈、座谈会,深入了解各方对产教融合项目的意见和建议,这有助于收集一手信息,为项目优化提供支持。最后,建立网络论坛,吸引学生、教师、企业导师等各方参与讨论,分享产教融合项目的经验和教训。这有助于形成有效的信息沟通渠道,提高项目管理水平,并促进各方之间的交流和互动。

(三)建立信息保护机制

学校和企业应加强对产教融合信息的保护,遵守相关法律法规和行业规范,确保学生、教师、企业等各方的隐私权和知识产权。签订保密协议是一种有效的方式,明确产教融合项目中涉及的保密事项,确保各方遵守保密义务,保护企业核心技术和商业秘密,降低泄密风险。此外,设置权限管理系统可对平台用户进行身份认证和权限分配,防止未经授权的人员访问敏感信息,确保信息安全。同时利用加密技术对平台传输的信息进行加密处理,防止信息在传输过程中被截获和篡改,有助于保障信息的完整性和安全性,降低信息泄露的风险。

综上所述,建立信息共享平台、信息反馈机制和信息保护机制是产教融合项目的关键环节。通过这三个环节的有机结合,可以有效地促进学校和企业之间的紧密合作,提高产教融合项目的质量和效果,为培养专业人才提供有力的信息保障。同时,各方应不断关注新技术的发展和应用,进一步提升信息平台的功能和服务水平,以适应产教融合不断发展的需求。

五、监督保障

监督保障是产教融合质量监控与保障的重要环节,具体包括以下内容:

(一)建立监督检查制度

为确保金融类专业产教融合的质量,政府、学校和企业应建立监督检查制度。政府可以组织专门的检查组,定期对产教融合进行检查,评估其效果和存在的问题。这些检查组应具备专业知识,能够对产教融合的各个方面进行深入了解。检查结果应以书面报告的形式提交,内容包括改进意见和措施。学校和企业也应通过自我评估和相互检查来发现问题和改进工作。他们可以定期组织内部评估,邀请外部专家进行评审,或与其他学校和企业进行交流和比较。通过这些活动,学校和企业可以发现产教融合过程中的问题,及时进行调整和改进。此外,建立有效的监督反馈机制,如定期举行产教融合工作汇报会议,可以促进各方及时了解和掌握监督检查的情况,提高工作效率。

(二)建立质量评价体系

政府、学校和企业应建立科学、合理、规范的产教融合质量评价体系。首先,明确评价目标,包括提升学生就业质量、培养实用型人才、促进产业技术创新等。其次,制定评价标准和指标,如学生就业率、就业满意度、企业合作项目数量等。然后,确定评价方法,如问卷调查、访谈、数据统计等。最后,建立评价数据采集、分析和报告制度,定期对产教融合的质量进行评价和报告公示。评价体系应具有科学性、客观性和公正性,避免片面、主观和功利化评价。

(三)建立激励约束机制

根据产教融合的质量评价结果,政府、学校和企业应给予相应的激励或约束措施,形成良好的质量导向。政府可以通过资金支持、税收优惠、项目扶持等方式,对质量高的单位给予奖励或优先支持。对质量低的单位,政府可以给予警示或整改要求,督促其提高质量水平。学校和企业也应建立激励约束机制。对参与产教融合的师生员工,可以通过职称晋升、岗位调整、奖惩措施等方式进行激励或约束。对于表现优秀的个人或团队,给予奖励和表彰;对于工作不力或违规行为的个人或团队,给予批评或惩罚,并加强辅导。通过激励约束机制,促进各方更积极、更有效地参与产教融合,全面提高金融类专业产教融合的质量。

总之,金融类专业产教融合的质量监控与保障机制是保证产教融合质量的重要保障。政府、学校和企业应该共同努力,建立健全的制度、管理、投入、信息和监督保障机制,确保产教融合工作的顺利开展,为学生提供实践性高/强的教育和培训,为企业提供更加优秀的人才。

第三节　金融类专业产教融合的持续发展路径与策略

一、深化校企合作

高等院校与金融企业之间的合作关系对双方都有着重要意义。为了确保合作效果最大化,双方应该建立长期稳定的合作关系。建立长效合作机制可以从以下几个方面着手:首先,校企双方签订合作协议,明确合作目标、方式、权利义务和期限等内容,为双方合作提供法律保障;其次,成立由校企双方代表组成的合作委员会,定期召开会议,共同研究、解决合作过程中出现的问题,并进行工作指导和监督;最后,利用现代信息技术手段,建立校企共享的信息交流平台,及时传递合作需求、项目进展、成果转化等信息。通过以上措施,高等院校与金融企业之间的长效合作机制得以建立,为双方资源共享、人才培养和金融产业发展提供有力支持。

项目合作是校企合作的重要载体,可以有效推动金融领域的课题研究、人才培养和产教融合。为了加强项目合作,校企双方应积极拓展合作领域,包括金融市场、金融监管、金融科技、金融创新等多个方面,形成多领域、多层次的合作格局。同时,鼓励校企双方共同申报国家级、省级科研课题,争取政策支持和资金补助,提高项目合作的成功率。另外,校企双方应注重项目成果的实际应用,加强成果转化,提高项目合作的价值。通过加强项目合作,有助于提升金融类课题研究的质量,推动产教融合水平的不断提高。

联合实验室作为校企合作的重要载体,可以为金融技术研究和人才培养提供有力支持。为了设立联合实验室,高校与金融企业应共同确定实验室的研究方向和目标,明确实验室的定位,确保实验室发挥其应有的作用。双方应保证联合实验室的资金投入,包括实验设备购置、技术研发和人才培养等方面的经费。联合实验室应吸引并留住高水平的科研人才,为金融技术研究和人才培养提供专业支持。通过以上措施,高校与金融企业共同建立金融技术创新中心,共享实验设备和技术资源,推动金融技术研究和人才培养。为了实现这一目标,我们可以采取以下步骤:校企双方共同组织筹建工作小组,负责联合实验室的筹建工作,包括实验室的选址、设计、设备采购等事项。根据实验室的特点和需求,制定适用的管理办法和运行机制,确保实验室的高效运行。联合实验室应围绕金融领域的热点问题,开展具有前瞻性和创新性的科研项目,以实际成果推动金融产业的发展。最后,联合实验室可以定期举办各类培训班、讲座、研讨会等活动,促进校企双方的交流与合作,提高人才培养的实效性。

通过深化校企合作,可以促进高校与金融企业之间的资源共享,进一步推动人才培养和金融产业发展。在建立长效合作机制、加强项目合作和设立联合实验室的基础上,还可以探索更多的合作形式,如打造实习实践基地、校企共建课程等,以实现更高层次、更广泛领域的校企合作。同时,应关注合作过程中可能出现的问题和困难,积极寻求解决办法,不断完善合作机制,使校企合作真正发挥应有的作用,为金融业的发展做出更大的贡献。

二、优化课程体系

为适应金融行业的需求,金融学院需要不断调整和优化课程体系。首先,学院应加强对专业核心课程的教学,确保学生具备扎实的金融理论基础。例如,学院可以设置涵盖金融市场、金融机构、金融工具、金融风险管理等方面知识的课程。同时,注重理论知识与实践教学的融合,提高学生的实践操作能力。实践教学可以采取实习实践、金融实验室和案例教学等形式。

为培养学生的创新能力和实际应用能力,金融学院需要开展金融前沿课题。金融创新课题涉及金融产品、服务和市场的创新,学院可以设置专门的金融创新课程,邀请专家和企业家举办讲座。金融科技课程应关注金融科技在金融业的应用,如大数据、人工智能、区块链等技术,学院可以设置跨学科课程和加强与相关领域企业的合作。

为提升课程的实用性和针对性,金融学院需要加强与金融企业的沟通和交流,了解企业的需求。具体实施可以采取企业调研、校企合作、企业导师制和定期评估等措施。通过以上改革措施,金融学院可以使课程更贴近金融企业的需求,培养出更具实战经验的金融人才。

综上所述,优化金融学院的课程体系需要从调整课程结构、引入金融前沿课题和提升课程实用性等方面进行。通过实施这些改革措施,学院将提高教育质量,培养出更具竞争力和实际应用能力的金融人才,为金融产业发展做出贡献。

三、创新金融教育模式

为创新金融教育模式,需要借鉴国内外成功的金融类专业产教融合案例,并探索适合本土的金融类专业产教融合教育模式。具体操作方法如下:

首先,组织教师参加培训和学术交流活动,了解国内外金融教育的最新动态和发展趋势。其次,与知名金融学院建立合作关系,进行教师交流、学生互换、联合研究等项目,提高本院的水平。再其次,深入研究国内外成功的金融教育模式,将先进的教学理念和方法引入金融学院的教学实践,以期提高教学质量。最后,建立实习基地,并确保实习岗位涵盖多个方面,如市场调研、产品设计、风险管理等,让学生有机会接触到不同的金融业务。

另外,还可以通过推广项目式教学和强化企业实习来提高金融教育的实效性。具体来说,可以设计项目式课程,将项目式教学的理念和方法融入课程设置,让学生通过实际项目来学习相关知识和技能。同时,组织专门的培训活动,提高教师运用项目式教学的能力,举办金融类课程竞赛,鼓励学生通过项目的方式展示所学知识和技能,提高学生的实际应用能力。

此外,还应该强化企业实习,让学生在实际工作中锻炼能力,增强学生的就业竞争力。为此,学院可以与金融企业合作,共同建立实习基地,为学生提供实习机会。实习基地应涵盖多种金融业务领域,如银行、证券、保险等,并确保实习岗位涵盖多个方面,如市场调研、产品设计、风险管理等,让学生有机会接触到不同的金融业务。在学生实习期间,学校和企业共同对学生进行指导和评估,确保实习成果的质量。通过以上措施,我们可以有效提高金融教育的实效性和应用性。

四、建设师资队伍

应重视金融类专业教师的岗前培训和在职培训,以适应金融领域知识体系日新月异的特点。对于新聘教师,要进行全面的岗前培训,包括教育教学理念、课堂管理、教学方法和技巧等方面的培训。对于在职教师,要定期组织各类专业领域的研讨会、论坛和培训班,以便教师及时了解行业动态,提升专业素质。此外,还要设立教师发展基金,鼓励教师参加国内外学术交流活动,通过与其他高校和研究机构的合作,提高教师的研究能力和教学水平。

为了加强学术与实践相结合的教学模式,高校将邀请金融企业的专家和技术人员担任兼职教师。他们的实践经验和行业知识将丰富课堂教学内容,为学生提供更多实际操作的机会。此举有助于培养学生的实际操作能力,提高学生的就业竞争力。同时,高校应定期组织金融企业的专家到校举办讲座、研讨会等活动,让学生深入了解金融行业的发展趋势和就业前景,指导教师的职业规划。

教师与金融企业的交流对于提高教学质量具有重要意义。高校将积极推动教师进企业实习、参加企业培训和实际项目,让教师了解企业的实际需求,进一步提高课程设置和教学方法的针对性。此外,还将定期邀请企业代表参与学院的教学研讨会,听取他们对于课程设置、教学内容和教学方法的意见和建议。通过双向交流,可以更好地了解金融企业的需求,调整教学内容和方法,为学生提供更有针对性的培训。

五、加强实践教学

为提高学生实践能力,应充分利用产教融合资源,扩大实践教学的覆盖面并丰富实践教学内容。建立与金融行业龙头企业、金融监管部门和金融科技公司等的长期稳定合作关系,采用订单式、定向式、双导师制等多种形式的人才培养模式,并设计与金融实务和创新密切相关的课程和项目,邀请企业专家和实践导师参与教学过程,提供真实的案例和数据。鼓励学生参与企业的产品研发、风险管理、数据分析等实际工作,让学生在实践中掌握金融理论和技术,并培养学生的创新意识和创业精神。

在校内建设金融大数据和虚拟仿真交易实验室,为学生提供模拟真实金融市场的平台,让学生熟悉金融交易规则和操作流程,并进行投资决策和风险控制。与金融创新园区、金融科技公司等合作,在区域内建立产教融合创新平台,为学生提供探索数字经济时代金融发展趋势和前沿问题的空间,让学生运用人工智能、大数据、区块链等技术解决金融问题。以课程为载体,将竞赛内容与课程内容相结合,让学生在完成课程要求的同时参与竞赛项目的设计和实施。以项目为导向,将竞赛项目与企业需求或社会问题相连接,让学生在解决具有现实意义的问题同时锻炼自己的分析和解决能力。以平台为支撑,利用校内外各类竞赛平台,如数模竞赛、大数据竞赛、创新创业大赛等,为学生提供展示自己的舞台,并鼓励学生参加国内外高水平的竞赛活动。

六、促进区域协同

区域协同指高校、金融企业和政府部门建立合作平台,在区域范围内共同推进产教融合发展,构建区域金融人才培养体系的过程。实现区域协同的具体措施包括：

第一，以产业园区为基础，打造市域产教联合体。产业园区是产教融合的重要平台，市域产教联合体是在一个城市或城市群范围内，由政府牵头，高校、金融企业等多方参与，共同推进产教融合发展的组织形式。市域产教联合体可以实现政府统筹、产业聚合、企业牵引和学校主体的协同效应，形成良好的创新生态。

第二，在城市群范围内建立跨地区的产教融合协作机制。城市群是经济社会发展的重要单元，跨地区的产教融合协作机制可以通过政策引导、项目支持、资源共享等方式，促进不同地区之间高校、金融企业与政府部门之间的交流与合作；可以促进优质教育资源和金融产业资源的流动和配置，形成区域内高校、金融企业与政府部门之间的互动交流和互利共赢。

第三，开展国际化产教融合合作。国际化是提高教育质量和适应全球化发展趋势的过程，国际化的产教融合合作是与国外优秀的高校、金融企业等进行交流与合作，引进国外先进的金融理念和技术，拓展国际市场和合作伙伴，提升区域金融人才培养和金融产业发展的国际竞争力。开展国际化的产教融合合作可以增强区域内高校、金融企业与政府部门之间的国际视野和跨文化沟通能力，促进国际规则和标准的制定与实施，防范和应对国际风险和危机。

金融类专业产教融合的持续发展是实现高质量金融人才培养的关键。为此，我们需要采取多方面的举措，深化校企合作、优化课程体系、创新教育模式、建设师资队伍、加强实践教学、促进区域协同等，形成全面、系统的产教融合体系，为金融产业提供源源不断的人才支持，推动金融产业持续繁荣。同时，我们也应该认识到，在产教融合的背景下，金融类专业的"课程思政"教学也具有非常重要的意义。因此，在接下来的一章中，我们将探讨金融类专业"课程思政"的内涵、特点、难点及建设路径，从而提高金融类专业的教学质量，培养适应时代要求、具有中国特色和国际视野的高素质金融人才，为实现中华民族伟大复兴而不懈努力。

第五章

产教融合背景下金融类专业课程思政建设与实践

加强"课程思政"建设既是培养高素质人才的必然要求,也是维护国家安全和发展利益的重大责任。通过"课程思政"教育,可以帮助学生建立坚定的政治方向、深厚的爱国情怀、高度的社会责任感、积极的人生态度和正确的竞争意识。然而,在产教融合背景下,金融类专业"课程思政"建设面临着多元主体协同育人、教育客体的双重性及教育环境的复杂性等难点。因此,需要在顶层设计与制度保障、突出金融类专业"课程思政"建设的特色、提升实践育人效果以及进行教育融合和实践等方面进行创新和改革,以适应新时代金融人才培养的需求。本章结合福建江夏学院金融学院金融工程学课程的实践经验,介绍了"课程思政"建设与实践案例,并分析了课程评价与成效。通过本章的讨论,可以更好地理解金融类专业"课程思政"教育的重要性和实践意义,为进一步推进金融人才培养工作提供参考。

第一节 金融类专业"课程思政"建设的重要性及其特点

在产教融合的背景下,应用型本科高校的学生可以通过众多的实践平台接触更广阔的社会。这种教育环境的变化需要应用型本科高校调整其"课程思政"建设,以应对新形势和解决新问题。

一、"课程思政"的内涵与发展

"课程思政"是近年来在教育教学改革中逐渐发展的概念。它通过对思想政治理论课、综合素养课(通识课)和专业课程的功能定位,推进思想政治理论课的方式和方法创新,并在综合素养课和专业课程中融入思想政治教育元素等一系列改革,强调发挥课堂教学的主渠道作用,实现全课程育人。

上海大学出版社出版的《大国方略——走向世界之路》和上海中医药大学的《人体解剖学》是最早开始探索"课程思政"的先行者。2016年,一些媒体开始报道"课程思政"这一理念。2017年,高德毅、宗爱东在《中国高等教育》杂志上发表了首篇"课程思政"研究论文。同年6月,教育部在上海召开全国高校"课程思政"现场推进会,肯定了上海在"课程思政"改革探索工作上的成绩,并构建了以思想政治理论课为核心、各类课程与思想政治理论课同向同行、形成协同效应的课程体系。

2017年9月,中共中央办公厅和国务院办公厅印发了《关于深化教育体制机制改革的意见》,要求健全"全员育人、全过程育人、全方位育人的体制机制,充分发掘各门课程中的德育内涵,加强德育课程,思政课程,注重学科德育,课程思政",这是党中央首次将"课程思政"纳入文件。

2017年12月,教育部颁发了《高校思想政治工作质量提升工程实施纲要》,详细规划了课程、科研、实践、文化、网络、心理、管理、服务、资助、组织等"十大育人"体系,要求大力推广以"课程思政"为目标的课堂教学改革,梳理各门专业课程所蕴含的思想政治教育元素和所承载的思想政治教育功能,融入课堂教学各环节,实现思想政治教育与知识体系教育的有效统一。

2018年9月,《教育部关于加快高水平本科教育全面提高人才培养能力的意见》将"课程思政"提升到中国特色高等教育制度层面。

2019年10月,教育部在"教育奋进看落实系列通气会"中提出了《全面推进高校课程思政建设》相关材料,认为"课程思政建设是落实立德树人根本任务的战略举措,是建设高水平人才培养体系的基础工程,是构建全员全程全方位育人大格局的关键环节",并提出了明确课程思政内容体系、构建课程思政课程体系、创新课程思政工作方法、建设课程思政工作机制等要求。

2020年4月,《教育部等八部门关于加快构建高校思想政治工作体系的意见》提出要"全面推进所有学科课程思政建设,统筹课程思政与思政课程建设",并强调要加强文学、历史学、哲学、经济学、管理学、法学、教育学等门类的专业课程的育人作用,并明确了公共基础课、理学及工学类专业课程、农业类专业课程、医学类专业课程、艺术类专业课程中开展思想政治教育的重点内容。

同年5月,教育部印发《高等学校课程思政建设指导纲要》,明确全面推进高校课程思政建设是落实立德树人根本任务的战略举措。在高校价值塑造、知识传授、能力培养"三位一体"的人才培养目标中,价值塑造是第一要务。因此,加强课程思政建设,贯穿于全课程、全过程、全方位,是高水平人才培养体系的重要组成部分。

总之,"课程思政"建设是应用型本科高校在产教融合背景下育人任务的重要组成部分。其核心是将思想政治教育融入各门课程的教学过程中,通过课堂教学和实践活动,帮助学生形成正确的世界观、人生观和价值观,增强道德意识和社会责任感,提高创新能力和综合素质。同时,"课程思政"建设需要关注专业特点和学生需求,注重引导学生学会思考、探究和创新,促进学生全面发展和未来职业发展。因此,应用型本科高校应积极推进"课程思政"建设,以更好地适应产教融合的发展需求,培养复合型、应用型的高素质人才。

二、金融类专业"课程思政"建设的重要性

随着国家经济社会发展对高素质应用型人才需求不断增加,应用型本科高校作为培养这类人才的重要基地,在落实立德树人根本任务上面临着新挑战和新机遇。如何在产教融合中加强"课程思政"建设,提升学生综合素质和核心竞争力,是当前应用型本科高校亟待解决的重要问题。金融类专业作为应用型本科高校重点发展的专业之一,在"课程思政"建设上也具有重要意义和特殊要求。产教融合背景下金融类专业"课程思政"建设主要体现在以下四个方面:

(一)落实立德树人根本任务的必然要求

金融类专业涉及国家经济命脉和社会稳定大局,要求学生不仅要掌握扎实的专业知识和技能,更要具备坚定正确的政治方向和价值取向。通过"课程思政"建设,可以将马克思主义理论、习近平新时代中国特色社会主义思想等思想政治理论与金融知识相结合,在传授金融理论、分析金融现象、解决金融问题等过程中渗透思想政治元素,引导学生认清世界格局变化、国家发展战略、民族复兴大计等大问题,在提升专业水平的同时增强爱国情怀和社会责任感。

(二)利于思想政治教育与职业精神培育的融合

金融类专业具有较强的应用性和实践性,在产教融合中可以为学生提供丰富多样的实践平台和机会,让学生在参与金融活动中感受到自身价值和社会价值,并在此基础上培养正确的职业观念和职业精神。通过"课程思政"建设,可以将职业道德、职业规范、职业操守等职业精神内涵与金融知识相结合,在讲授金融法规、分析金融案例、演练金融操作等过程中渗透进去,引导学生遵守金融规则、尊重金融市场、维护金融秩序、服务金融发展,从而树立良好的职业形象和职业信誉。

(三)完善"三全育人"工作机制的必然要求

新时代对高素质人才的需求日益增长,应用型本科高校通过"课程思政"教育,提升学生的综合素质,使其更好地适应社会发展需求。通过校内外导师的密

切配合与协作,推进立德树人、专业育人的效能,实现有高度、有深度、有温度的育人目的。这有助于为企业输送具备良好思想政治素质和专业技能的应用型人才,助力产业发展和人才队伍建设。

(四)增强思想政治教育的实效性

通过将思政教育与专业课程、实践教学等有机结合,使学生在专业学习和实践中感受思政教育的价值,从而增强其认同感和积极性。同时,通过具体的案例分析、问题研究等方式,使思政教育更加贴近实际,提高其针对性和实效性。

综上所述,在产教融合的背景下,金融类专业"课程思政"建设具有重要的现实意义和深远的战略意义。应用型本科高校应充分认识到其重要性,切实落实立德树人的根本任务,全面推进"课程思政"教育,培养德智体美劳全面发展的社会主义建设者和接班人。这将有助于提升人才培养质量,培养学生创新精神和实践能力,增强思想政治教育的实效性,促进学校与产业界的紧密合作及推动教育改革与创新。

三、金融类专业"课程思政"的新特点

(一)教育主体的多元化

在产教融合背景下,金融类专业"课程思政"教育主体不仅仅局限于学校课程教师,还包括实习金融机构的指导教师、金融从业者及相关的社会人员。这些教育主体在学生的实习过程中,可以从不同角度、不同层面对学生进行指导和培养,形成一个立体、多元的教育网络,让学生在实践中更好地领悟"课程思政"的内涵。在产教融合的背景下,多元化的"课程思政"教育主体为教学资源的丰富和教学团队的壮大提供了保障。然而,多元价值观的冲击也会加大教学难度,需要教师在教学过程中充分调动各方资源,形成共同育人的格局。教师既要尊重各方观点,又要坚守立德树人的初心。

(二)教育内容的全面化

产教融合的人才培养模式要求金融类专业"课程思政"教育内容必须体现职业性和实用性。这就要求应用型本科高校的"课程思政"教育内容应更加全面,注重培养学生正确的世界观、人生观、价值观。在实习中,教育内容需围绕学生可能遇到的金融业务操作困难和思想疑惑,引导学生树立良好的职业道德和职业素养,自觉遵守金融行业规则。同时,要重视培养学生的责任意识、敬业精神、沟通协作能力等实际工作所需的综合素质。

(三)教育形式的多样化

在产教融合背景下,金融类专业学生的学习一般表现为"校内学习+金融机

构实习"的形式,"课程思政"教育可尝试多种教学形式。例如,实行金融机构导师制,在学生实习过程中,金融机构导师可为其提供专业指导和日常生活关怀;举办专题讲座,邀请金融行业专家为学生解读专业问题,激发学生对金融专业的兴趣,让学生从授课专家身上感受榜样的力量;发挥金融机构文化的育人功能,让学生在健康、积极的文化氛围中形成吃苦耐劳、奋发向上的精神。

(四)学生主体地位的提升

在产教融合背景下,金融类专业学生不仅是学习者,还是实习金融机构的员工。这种双重身份要求学生在实习实训过程中不断查找自身知识和能力的不足,提高学习积极性和主动性。此外,学生还需在与金融机构导师和同事的交流合作中,积极参与、主动思考,提升自身的团队协作能力和沟通能力。学生在实践中发现问题、解决问题,逐步形成自我认知和自我评价能力,真正成为"课程思政"教育的主体。

(五)教育环境多样化

在产教融合背景下,"课程思政"教育应充分利用多样化的教育环境。传统的课堂教学可以向实训基地、企业等场所拓展,形成多元化的教学环境。这种教育环境可以激发学生的学习兴趣,提高课程吸引力,同时让学生在不同的环境中接触和体验实际工作情境,更好地将理论知识与实际操作相结合。

(六)教育任务的严格化

在产教融合背景下,"课程思政"建设面临着更加严格和复杂的任务。一方面,在开展"课程思政"建设时需把"立德树人"作为首要任务,并将其贯穿于整个人才培养过程中;另一方面,在具体操作上需把握好专业性与思政性、理论性与实践性、知识与情感等之间的平衡点,并注重考核评价机制和质量保障机制等方面。

总之,产教融合背景下金融类专业"课程思政"教育的新特点体现了教育主体的多元化、教育内容的全面化、教育形式的多样化和学生主体地位的提升。这些特点为应用型本科高校金融类专业"课程思政"教育提供了新的发展方向。为此,各类教育主体需要加强协同,共同培养具有专业素养、职业道德和高度社会责任感的金融人才,为金融行业的稳定和发展做出贡献。

第二节 金融类专业"课程思政"建设的难点

产教融合体现了我国高等教育新的价值取向,即由封闭的学校教育走向开放的社会教育,从以理论学习为主转向以实践过程为主。这一模式为应用型本科高校金融类专业的"课程思政"建设注入了新的活力,但也带来了新的挑战。

一、多元主体协同育人,影响了金融类专业"课程思政"的实效性和连续性

实施有效的金融类专业"课程思政"需要一支专业素质高、教育素养优良的教师队伍,从而能够在产教融合背景下引导学生树立正确的价值观和世界观。当前,金融类专业"课程思政"的教育主体呈现出多元转变的趋势,但教育主体素质的差异,将导致不同的教育效果。

(一)学校层面

部分应用型高校对金融类专业"课程思政"建设不够重视,二级教学单位与职能部门缺乏主动融合意识,金融类专业"课程思政"建设的目标规划、实施方案、教学方法等缺乏整体工作思路,还基本停留在传达中央及省厅文件的层面,尚未真正展开相关实践工作。在产教融合背景下,许多应用型高校对金融类专业人文社会科学和自然科学的交叉融合、教育教学与科学研究相辅相成的范式,还没有进行科学规划设计,金融类专业"课程思政"的教学手段和方法缺乏创新,育人成效不佳。

(二)高校专业教师方面

虽然党中央及教育主管部门已对高校金融类专业"课程思政"工作进行部署和要求,但现阶段学术界对此的理论研究仍不够深入,实践路径还不够清晰。应用型高校金融类专业教师在认识和实施"课程思政"时,可能存在一定程度的偏差。部分专业教师缺乏对思政教育的深入认识,将其视为思政教师的职责,忽视了专业课程中的思政元素。此外,有些专业教师在融合思政元素时,表现出急功近利的态度,对于金融类专业"课程思政"的教学手段和方法基本沿袭老套的灌输模式,师生缺乏互动,导致教学效果不佳。

(三)企业导师方面

在应用型本科背景下,企业在金融类专业"课程思政"建设中起着关键作用。然而,企业人员缺乏教育经验和心理把握能力,可能导致学生在实践过程中无法进行有效的思想政治建设。学校与企业在思想育人重视程度上存在差异,可能导致金融类专业"课程思政"衔接不畅。对大多数企业而言,将经济利益排在首位,相比于思想育人,更注重员工的技能培训、岗位培训等。这种"重经济、轻思想"的价值取向与金融类专业"课程思政"育人理念产生冲突,容易让学生在进入企业实习后陷入思想政治教育的思想"盲区"。此外,部分合作企业在思想政治教育方面的能力有限,影响了金融类专业"课程思政"的有效实施,也需要防范产教融合办学环节中的意识形态工作风险。

二、教育客体的双重性,削弱了金融类专业"课程思政"的传统成果

金融类专业"课程思政"的教育客体,即学生,作为思想政治教育活动的对象,具有极强的可塑性,容易受到教育主体和教育环境的影响。在产教融合的人才培养模式下,金融类专业学生由原来的单一的学生角色转变为兼具学生和金融企业实习生的双重身份。这种双重性可能会导致金融类专业"课程思政"的固有成果遭到削弱。

首先,学校与金融企业之间存在着价值取向、制度体系和文化氛围等方面的差异,使得学生在进行角色转换时容易产生思想困惑。学生在校园接受传统的思想政治教育,然后进入金融企业实习,可能会发现企业环境和学校环境有很大的不同。这种不同可能导致学生对所接受的思想政治教育产生怀疑,质疑其正确性和科学性。

其次,由于学生在金融企业实习过程中,可能会受到企业文化、价值观和经济利益等因素的影响,进而使其在思想政治教育方面的认识产生偏差。如果金融企业过于强调经济利益,而忽视思想政治教育的重要性,学生在实习过程中可能会逐渐削弱对思想政治教育的重视程度,从而影响金融类专业"课程思政"的成效。

最后,伴随互联网成长起来的"00后"已逐步成为应用型高校的学生主体。他们视野开阔、思想活跃、个性鲜明、敢想敢干,但同时也存在一些突出问题,例如部分学生学习使命感不强,拼搏进取精神不足,理想信念不坚定,缺乏责任担当和奉献精神。

为应对这一问题,学校和金融企业需要加强合作与沟通,共同为金融类专业学生创造一个有利于思想政治教育的环境。学校要关注学生在金融企业实习期间的思想政治教育,加强与金融企业之间的联系与协调,确保金融类专业"课程思政"的有效衔接。同时,金融企业也要认识到思想政治教育在人才培养中的重要地位,积极参与学生的思想政治教育工作,与学校共同努力,提高金融类专业"课程思政"的教育质量。

三、教育环境的复杂性，增强了金融类专业"课程思政"的不可控性

"课程思政"的育人成效容易受外部因素的影响。在产教融合的背景下，相较于过去，金融类专业的"课程思政"处于一个更立体、更多维、更复杂的环境中，风险性增大、可控性减弱。教育环境的复杂性从以下四个方面表现出来：

一是社会环境的变化。在产教融合背景下，金融类专业学生的社会环境从原来封闭、单一的学校环境转变为开放、多元的金融企业环境。学生面对多样化的金融市场文化时，由于缺乏成熟的判断能力，可能会对马克思主义理想信念、集体主义观念等产生怀疑或否定。如果教育者未能及时了解这些情况并采取相应措施，则将对学生价值观的形成产生严重的负面影响。

二是时空环境的变化。以往的金融类专业"课程思政"基本上都是在学校进行，课程教师依托课堂教学渗透思想政治教育，上课时间、地点集中且固定，教学效果相对较好。然而，在产教融合的人才培养模式下，"课程思政"所覆盖的范围需扩大到"校园＋金融企业实习点"，学生在不同的时段被分到不同的金融企业实习，流动性和分散性增强，学生的受教育时间也无法连贯。这就给"课程思政"的实施带来了更大的难度。

三是文化环境的变化。在产教融合背景下，金融类专业学生所处的文化环境由原来以好学修德为主的校园文化转变为多元化的金融业文化。在这种文化氛围的浸染下，学生在学校所建构的意识形态体系易受到冲击，有可能陷入道德和价值迷失的沼泽。如果不及时进行引导与矫正，那么"课程思政"的实效性将大打折扣。

四是课程体系的变化。在产教融合背景下，为了跟上金融行业和企业的技术发展，金融类专业的教学课程体系会更加开放，加强针对性和实用性。这也会促进院校和金融企业开展更多的校企合作课程，共同编写教材。这将给"课程思政"的内容设置、素材选择和开展形式带来新的挑战，要针对不同的金融行业性质和企业文化，在内容设置和元素选取方面进行区分。

因此，要应对教育环境的复杂性，需要学校和金融企业共同努力，加强合作与沟通，共同为金融类专业学生创造一个有利于思想政治教育的环境。同时，教育者也应增强敏锐性和应变能力，针对教育环境的复杂性制定相应的教育策略，确保金融类专业"课程思政"的实施效果。

第三节　金融类专业"课程思政"建设路径的建议

在产教融合背景下,应用型本科高校金融类专业面临着"课程思政"建设的新挑战。为促进学生全面发展,高校需要采取一系列针对性策略,包括推进"课程思政"建设的一体化实施、突出"课程思政"建设的特色和强化"课程思政"的实践育人效果。

一、完善顶层设计与制度保障

在产教融合背景下,应用型高校金融类专业要高度重视"课程思政"建设,加强党的全面领导与党建工作统领,优化顶层设计,围绕"课程思政"的育人目标,深入推进"课程思政"建设的一体化实施。

(一)推进"课程思政"的体系化设计

为了实现金融类专业"课程思政"建设的一体化实施,高校需要从整体上进行课程体系设计。首先,明确"课程思政"的目标和定位,并将其与党和国家的战略目标、国家教育政策及学校的发展规划相一致。其次,梳理课程体系中的关键环节,将思想政治理论课与金融类专业课程有机结合,形成立体化的课程结构。最后,加强课程资源建设,丰富教材、案例、教学资源等,提高课程的实用性和针对性。学校党委应承担领导责任,优化设计,教务处应凝聚教师和员工的智慧,让"课程思政"建设惠及全体学生,助力于学生全面发展。需要注意哲学社会科学类专业与理工科类专业"课程思政"体系设计的差异,彰显特色、确保育人目标的实现。在产教融合背景下,应用型高校金融类专业要创造性地提取教育素材,并融入课堂教学,激发学生的学习兴趣。

(二)抓好"课程思政"建设试点

为抓好金融类专业"课程思政"建设试点,高校应以试点为突破口,积极探索"课程思政"建设的有效途径。具体做法包括:加强教师的思政理论知识和教育教学能力培训,提高他们的思政教育水平和教育教学质量;选择具有代表性的金融类专业和课程开展试点工作,鼓励教师创新教学方法,积极开展教育教学改革,总结试点经验,逐步推广至全校范围。同时,高校也应本着循序渐进、稳妥推进的原则,精心选取试点专业和课程,待取得阶段性成效后再铺开推广。高校可尝试在本校每个二级专业教学单位遴选出能够突出学科建设和专业特色的1~3门主干课程作为"课程思政"建设的试点。这样的试点工作既能发挥专业和课程的优势,也能够逐步探索和积累有效的经验,为全校"课程思政"建设提供有益的借鉴和参考。

(三)全面提升专业教师"课程思政"素养

专业教师在"课程思政"建设中发挥关键作用。为此,高校应采取一系列措施。首先,高校需要组织针对性的培训,包括定期的思想政治理论培训以提升教师的政治觉悟,以及教育教学培训以强化教师的教育教学理念、方法和技巧。此外,通过组织专题研讨会和学术交流活动,教师们能够拓宽视野并提高学术素养。其次,高校应强化教师队伍建设,选拔具有较高政治觉悟、专业水平和教育教学能力的教师参与"课程思政"建设,并建立教师培养机制,通过轮岗、进修等方式不断提高教师的"课程思政"素养。同时,鼓励教师跨学科、跨领域研究,促进专业教师与思想政治教育教师之间的交流与合作。最后,高校应建立教师激励机制,设立"课程思政"建设奖励机制,将"课程思政"建设成果纳入教师的职务晋升、绩效考核等方面,并搭建平台为教师提供展示研究成果的机会。

(四)推进"课程思政"教学方法革新

在人才培养方案修订的基础上,高校需将"课程思政"整合到专业课程教学大纲中,优化教学方案,更新教学手段,实现显性与隐性教育、工具性与价值性思维的和谐融合。为实现"课程思政"教学方法创新,建议实施以下策略:一是教师应将马克思主义的唯物辩证法与专业知识及学生的专业实践相融合,揭示事物发展规律,创新方法和手段,研发新材料、新技术、新工艺和新流程,以提高人才培养效果;二是教师需善于引用经典观点,特别是马克思主义经典著作中的见解和原则,以提高教学权威性和说服力;三是挖掘国家战略、重大事件、典型人物等思政元素,将其整理为典型案例并融入专业课程,实现思政元素与专业知识的深度融合。通过隐性教育,使学生看到中华民族伟大复兴的美好前景,引导学生为实现中国梦而努力奋斗;四是教师需关注时代发展,深入理解新时代中国发展主题和社会焦点,以及世界趋势和国际局势。将马克思主义中国化的最新理论成果与专业课程内容相结合,组织学生进行小组研讨,并邀请代表分享交流,以加深对习近平新时代中国特色社会主义思想的理解和认识,增强学生对马克思主义理论、情感、政治和实践认同。

(五)持续改进"课程思政"教学评价体系

为提高"课程思政"建设质量,高校需建立科学的教学评价体系并持续优化评价方法。这包括构建多维度、多层次的评价指标体系,全面评估学生的理论知识、实践能力和创新能力等各方面,以全面把握学生在"课程思政"教育中的表现;建立多方参与的评价机制,引入教师、学生、企业等各方共同参与评价,以确保评价结果的客观性和公正性,从而全面评估"课程思政"的教学效果;加强教学质量监控;此外,高校还需定期进行教学质量检查和课程评估,及时总结和反馈评价结果,针对发现的问题优化课程设置和教学内容,提高"课程思政"的教育教学质量,使之更符合学生的实际需求和社会发展的要求。在产教融合背景下,应用型高校还应关注学生为中心的评价主体,引入第三方参与评价,综合评价教师教案、学生课堂表现及作业完成质量等方面的"课程思政"成效。同时,采用访谈、问卷调查等多种方式,紧密围绕大学生对社会主义核心价值观、品德修养、工匠精神等方面的认知、态度,对师生进行深入访谈,动态监测学生对相关问题的认知倾向、价值选择、行为驱动等。

(六)突显"三全育人"特色

为全面推进"课程思政"建设,应用型高校需要加强顶层设计,科学制定"课程思政"建设规划,完善相关管理制度,以保障"课程思政"的全面实施。各二级教学单位要细化工作方案,确保项目试点选择、人员配备、硬件设施等各方面的充分准备。思政教学部门要与其他二级教学单位衔接工作,安排具有马克思主义理论素养的思想政治理论课教师为专业教师提供"课程思政"帮扶和业务指导。专业教师承担主体责任,全程参与"课程思政"建设和实施,将理想信念教育融入专业课程,将社会主义核心价值观贯穿于教学环节,用科学精神与人文精神浸润学生心灵,实现德育与智育的有机融合。学校党委、二级教学单位、相关部门、专业教师、学工队伍、优秀校友等多方共同参与,构建"三全育人"格局,协同发力,先行试点,逐步探索出一套适合应用型高校实际的"课程思政"实施方案。

二、突出金融类专业"课程思政"建设的特色

应用型高校金融类专业要在"课程思政"的建设中充分发挥金融领域的特色优势,突出习近平新时代中国特色社会主义思想的引领作用,结合产教融合的特点,培养学生的社会主义核心价值观、职业理想和职业道德、金融素养和创新能力,提高"课程思政"建设的针对性和实效性。

(一)关注金融领域热点问题

金融类专业在开展"课程思政"建设时,应紧密结合金融领域的实际情况,关注热点问题和行业发展趋势。例如,可以围绕金融市场的风险与监管、金融科技的发展与应用、金融业的社会责任与道德规范等话题进行深入探讨,引导学生树立正确的行业观念和价值取向,坚定中国特色社会主义道路自信、理论自信、制度自信、文化自信。通过深入剖析金融领域的实际案例,让学生在学习金融知识的同时,培养良好的道德品质和社会责任感。

(二)强化产教融合元素

在金融类专业"课程思政"建设过程中,应重视产教融合的实践性和针对性。学校可以加大与金融企业和行业机构的合作力度,利用校企合作项目、实习实训基地等资源,为学生提供丰富的实践学习和锻炼机会。此外,可以邀请业界专家、企业家等进入课堂,与学生分享行业经验,传授职业技能,帮助学生更好地理解金融行业的社会价值。同时,教师应主动与企业和行业机构进行沟通交流,了解行业动态,提升自身素质,确保"课程思政"教学的实效性。

(三)注重理论结合实际

金融类专业在"课程思政"建设中,需要注重将理论知识与实际应用相结合。教师在讲授金融理论知识时,应结合实际案例和行业现状进行阐述,使学生更好地理解金融知识在实际工作中的应用。同时,教师要关注国家政策、宏观经济环境等方面的变化,引导学生关注金融领域与国家发展战略的紧密联系,培养学生的全局意识和战略思维能力。

(四)培养创新与创业能力

金融类专业在"课程思政"建设中,要注意培养学生的创新思维和创业精神。教师可通过开展创新实验、研究项目、创业大赛等活动,激发学生的创新意识和创业精神。同时,教师还应关注金融科技发展趋势,培养学生的跨领域融合创新能力,使其在金融行业中具备竞争优势。此外,学校可以加强与金融创业园区、孵化器等机构的合作,为学生提供创业支持和资源,帮助学生将所学知识应用于实际创业项目中,实现知识与实践的有效转化。

(五)强化思想政治教育

在金融类专业"课程思政"建设中,思想政治教育是不可或缺的重要环节。教师应将思想政治教育有机融入金融知识的教学过程,使学生在掌握专业知识的同时,树立正确的世界观、人生观、价值观。教师可以结合金融领域的实际问题,引导学生从不同角度进行思考和讨论,培养学生的独立思考和判断能力。同时,学校还应加强与政府部门、金融监管机构等的合作,邀请相关人士进入课堂,传授国家政策、法律法规等方面的知识,提高学生的法治意识和社会责任感。

三、提升金融类专业"课程思政"的实践育人效果

在产教融合背景下,应用型高校需要推动金融类专业"课程思政"的建设,实现多方协作、共同努力,加强实践教育,确保与金融业务和日常生活相融合,实现理论与实践相结合,知识与行动相统一,真正打造金融类专业"课程思政"的实践教育平台。

（一）各方共同推进金融类专业"课程思政"的实践教育

在产教融合的大背景下，应用型高校应高度重视金融类专业"课程思政"的实践教学。政府、金融企业、学校等多方共同努力，建立共同的价值追求，这是确保金融类专业"课程思政"教育深入人心、实现预期目标的关键。为此，各方需从以下几个方面共同努力：

1. 确立共同目标

政府、高校、金融企业等各方需明确金融类专业"课程思政"实践教育的共同目标，包括培养德才兼备的金融技能型人才，提高学生的金融核心素养，激发学生的金融创新创业能力，帮助学生实现全面发展。共同目标是各方协作的基石，有利于激发各方参与金融类专业"课程思政"建设的积极性和主动性。

2. 加强机制保障和政策支持

构建金融类专业思想政治教育共同体，需要突破原有的教育范围，进一步加强机制建设与组织保障，深化学校与金融行业、企业在思政育人方面的合作，发挥多主体的共生效应，形成教育合力。政府部门要充分发挥主导作用，通过提供政策支持、资金支持和优惠政策等方式，推动各方形成紧密的合作关系。政策支持可以帮助各方在共同价值追求的基础上，实现资源共享、优势互补，提高金融类专业"课程思政"实践教育的质量和效果。

3. 深化合作机制

各方应建立有效的合作机制，包括建立产教融合的金融教育实践平台，打造金融实践育人基地，共建金融众创空间等。深化合作机制有利于实现金融教育资源的优化配置，提高教育质量，为学生提供丰富的实践机会。

4. 交流与沟通

各方需加强交流与沟通，定期组织金融教育研讨会、座谈会、培训班等活动，分享成功经验、探讨问题、寻求解决方案，以期在金融类专业"课程思政"实践教育的过程中实现共同成长、共同进步。

5. 全面评估与反馈

为确保金融类专业"课程思政"实践教育的有效性和持续性，各方需建立全面的评估与反馈机制，包括对实践教育成果的定期评估、对存在问题的及时反馈、对改进措施的持续跟踪等。全面评估与反馈机制有助于及时发现并解决问题，推动金融类专业"课程思政"实践教育不断完善。

（二）与生活相融合，实现理论与实践相结合，知识与行动相统一

金融类专业在进行"课程思政"建设时，需要注重实践与理论的结合、知识与

行动的统一。金融行业的实践性较强,因此在专业课程中,应该注重将理论知识与实际操作相结合,让学生通过实际案例和模拟操作等方式,深入了解金融市场的运作规律和风险控制技巧。同时,还要培养学生的责任意识和服务意识,让他们能够在实践中体现出对社会的责任和贡献。在通识课程中,金融类专业可以通过开设金融伦理、金融法律等课程,引导学生了解金融行业的道德规范和法律法规,强化学生的法治意识和道德观念,培养学生的社会责任感和公民意识。此外,金融类专业在推进"课程思政"建设时,也要注重培养学生的综合素质。在教学中,要注重培养学生的创新思维和团队合作能力,让他们具备在竞争激烈的金融市场中立足的能力。同时,还要注重培养学生的身心健康和文化素养,让学生具备健康的生活方式和广泛的人文知识,为未来的职业发展打下坚实的基础。最后,金融类专业的教师在推进"课程思政"建设时,要善于运用丰富的金融实践案例和励志素材,引导学生了解行业先进典型和成功人士的经验和故事,激发学生的发展潜力,推动学生在"课程思政"中实现德智体美劳全面发展。

四、金融类专业"课程思政"教育的融合与实践

金融行业具有信任性、风险敏感性和合规性等特点,这些特性使得提高金融行业人员的道德素养尤为重要。道德素养高的金融从业者能够树立良好的行业形象,维护市场参与者之间的信任关系,有助于金融市场的稳定和健康发展。同时,具备较高道德素养的金融从业者更能谨慎评估和应对风险,遵守法规,确保业务合规。因此,在产教融合背景下,应用型本科高校应将金融类专业的专业知识与思政课程有机融合,以提高学生在金融行业的道德素养。以下从几个方面详细论述金融类专业"课程思政"教育的融合与实践:

(一)确立金融道德教育的重要地位

应用型本科高校应将金融道德教育纳入总体教育规划,确立其在金融类专业课程体系中的重要地位。教师应在教学过程中强调金融道德的意义,引导学生认识到金融道德不仅是个人品德修养的一部分,更是金融行业稳定发展的基石。

(二)将金融道德教育融入专业课程

在金融类专业课程设置中,将金融道德教育融入各个专业课程中,使其成为专业知识学习的一部分。例如,在金融市场、金融工具、银行业务等课程中,穿插讲解相关金融道德规范和案例,使学生在学习专业知识的同时,增强金融道德意识。

(三)举办专题讲座和研讨会

组织金融道德专题讲座和研讨会,邀请业界专家和学者分享金融道德方面的理论和实践经验,引导学生从实际案例中学习金融道德原则,提升道德素养。

(四)开展实践活动

通过校企合作,安排学生参加金融实习或实训活动,使学生在实际工作中接触金融道德问题,培养其运用所学专业知识解决实际问题时的道德意识。此外,可以组织学生参与社会服务活动,如金融知识普及、金融消费者权益保护等,培养其社会责任感和道德素养。

(五)加强师资队伍建设

重视金融道德教育师资队伍建设,选拔具有较高道德素养和专业水平的教师担任金融类专业课程的教学工作。同时,加强教师队伍的培训和学术交流,提高其金融道德教育能力。

(六)建立激励机制

设立金融道德奖学金、优秀实践者奖等奖项,表彰在金融道德方面表现突出的学生,激发他们的学习积极性。同时,将金融道德表现纳入学生综合素质评价体系,作为评价学生综合素质的重要依据。

通过以上措施的实施,有望在产教融合背景下将金融类专业的专业知识与"课程思政"有机融合,提高应用型本科高校金融类专业学生的道德素养,为金融行业培养更多具备专业素质和良好道德品质的人才。这将有助于金融行业的健康发展,增强金融机构对风险的防范意识,维护金融市场的稳定和公平。

第四节 福建江夏学院金融学院"课程思政"建设与实践案例

福建江夏学院以立德树人为根本任务,坚持"以人为本",切实把思想政治工作贯穿教育教学全过程,提升思想政治教育的亲和力和针对性,真正培养德才兼备、全面发展的中国特色社会主义建设者和接班人,全力推进建成区域一流应用型本科大学。

金融学院致力于打造红色金融育人品牌体系,旨在帮助学生在专业学习的同时培养正确的人生观和价值观。为此,学院建立了"融·和"课程思政工作坊,融合了"金融"元素和学院特色,将思政内容融入专业课程教学之中,强调"课程思政"的和谐共生,实现课程与生命的邂逅。工作坊的logo中(图4-1),"融"体现了"课程思政"融合创新的路径和着力点,而"和"则寓意为"课程思政"开展有情怀、有温度,实现课程与生命和谐共生的目标。

图4-1 "融·和"课程思政工作坊logo

金融学院通过工作坊激发全院师生的责任感和使命感,增强师生的凝聚力和向心力,提高学院"课程思政"建设的影响力和品牌效应。该工作坊旨在将思政内容融入专业课程中,强调"课程思政"的和谐共生,实现立德树人的根本任务。通过"因爱而教",工作坊在"课程思政"建设上实现了课程与生命的邂逅,为学生提供了更有情怀和温度的学习环境。自成立以来,工作坊一直探讨专业课程教育与思政教育的相互融合发展,将思政教育因子融入专业课程中,挖掘专业课程的育人价值,大力推进金融专业课程的"课程思政"建设。

金融学院共建设了13门省级一流课程、1门省级"课程思政"示范课程、1个校级"课程思政"团队、3门校级"课程思政"示范课程,多个"课程思政"教改项目获得各级教育教学改革研究项目立项和大学生思想政治教育特色项目。其中,学院的"学、感、悟、行四位一体的'红色金融'育人体系构建"项目获批省教育厅高校思想政治工作精品项目,并顺利结项;"'守正创新·多维驱动'新金融人才思政育人体系构建"(课程育人类)于2022年获批省高校思想政治工作质量提升综合改革与精品建设项目。

金融学院还联合其他获批国家一流专业的省内外院校,制定了财经类专业课程的"课程思政"编写指南,并已出版,对国家一流本科专业的"课程思政"建设起到了规范和示范作用。全院教师参与,覆盖金融相关专业课程的近70个"课程思政"案例已完成编写并结集成册。这些努力都是为了让专业课程与思政教育融为一体,更好地实现立德树人的根本任务。

其中,金融学院的金融工程学课程是"课程思政"建设的典型案例。该"课程思政"建设成果获得省教育厅"课程思政"教育教学改革精品项目的荣誉,并已顺利结项,同时项目负责人被评为福建省"课程思政"专家,本节将以该课程为例进行详细介绍,展示金融学院在"课程思政"建设方面的实践之路。

一、"课程思政"教学团队情况介绍

"课程思政"作为高等教育改革探索的新产物,要深入挖掘和优化思政教育元素,将思想政治教育(及其元素)融入学科教学中,融入课程教学全过程,实现课程教学协同联动、交相呼应。作为系统工程,团队建设是根本、是关键。为此,"金融工程学""课程思政"教学团队由投资学专业负责人作为项目主持者。思想政治理论课教师作为项目主导者,投资学专业核心课程教师作为项目参与者,共同组建而成。

教学团队的课程建设围绕着"为谁培养人、培养什么样的人、怎样培养人"这一核心问题展开。团队通过有组织的"课程思政"教育教学调查与研究活动,经教学实践反复验证,形成接地气、有影响、能嫁接复制的金融工程学"课程思政"政教学模式。主要举措如下:

(一)党支部与教学团队耦合创新,强化党的领导

本教学团队所有成员均为金融学院投资系教工党支部党员,师德师风优秀,具有优秀的思想政治素质和道德品质,爱岗敬业,潜心教学,关爱学生,每学期课堂教学质量评估均名列前茅。教工党支部被评为"校级样板支部"和"达标创星支部"。

学院党委书记担任团队思政总指导,准确把握"课程思政"建设方向。同时,发挥全国党建工作样板支部和全国优秀教师引领作用,聚焦立德树人内核,将党的先进性作为"课程思政"的内涵之一,引领教学团队成员始终保持高度热情的协作精神,最终实现"化理论为德行,化知识为情怀",培养出有价值观、业务素质过硬、有情怀、有担当的财富管理人才。

(二)党支部引领下开展课程教育教学活动

在党支部的引领下,教学团队常态化地开展"课程思政"学习培训和集体教研,建立了团队组会和参与"课程思政"学术活动的制度。团队定期探索数字化和信息化时代下的教学内容优化、重构及"课程思政"元素的挖掘和融入教学设计和实施,以确保课程的时代性、前瞻性和思政效果。同时,每年定期或不定期组织教师"课程思政"教学能力培训,不定期邀请名师前来培训,组织教师观摩听课,参加教育部思政教学能力培训、教学竞赛等活动,提升"课程思政"教学能力。

团队注重将思政教育元素融入课程设计、课堂教学、作业布置、考核评价等方面,将思政教育作为课程教学的重要组成部分。同时,通过案例教学、团队活

动、角色扮演等多种教学场景的创设,引导学生积极思考和探究,促进学生的思想成长。团队积极探索教学方法的创新,如 PBL 教学法、MOOC 教学法等,以提高教学效果。

教学团队还定期学习教育部、学校、学院关于思政的政策和规定,党建与"课程思政"有机融合的调研学习活动也得到了广泛开展。例如,教师党日活动与"课程思政"相结合,通过深挖福建省老区苏区红色资源中的思政元素,指导学生研发具有红色金融特色的金融产品,不断优化"学、感、悟、行"四位一体红色金融育人体系的实践。这些活动有利于教师们加强对思政教育的认识,提高"课程思政"教育的实效性,更好地服务于学生的全面发展。

(三)探索"党建引领的产教融合"模式,促进创新性人才培养

团队探索"党建引领的产教融合"模式,与校企合作企业、学生党支部合作开展支部专题立项活动,打通教学、科研与生产的通道,为建设应用型本科大学在金融类专业领域探索新的路径。通过构建产教融合平台,坚持以党建为引领,将党建工作贯穿于产教融合育人全过程,服务于区域经济发展,充分发挥党组织的战斗堡垒作用。在校企协同育人过程中,发掘德育元素,联合合作单位的党支部开展党建活动,并组织开展投资学专业改革、学科建设、课程建设、教材改革等方面的工作。团队还通过举办"金色年华 智慧规划""党日共建云直播"系列党日活动等方式,与兴业证券股份有限公司运营管理部总支委员会联合开展系列红色金融教育活动,在课堂教学和教材中融入红色元素,激发同学们的爱国热情。在实习过程中,行业导师承担着价值引领和职业精神塑造的工作,要求学生爱岗敬业、增强专业知识、坚守职业操守,并注重培养学生求真务实的精神和脚踏实地的作风。团队开展的党建活动与"课程思政"教育相结合,主要体现在组织专题党课,与课程内容相结合,引导学生积极思考和探究;开展形式多样的思政教育活动,如主题班会、读书会、志愿服务等,引导学生树立正确的价值观和世界观;以及引导学生参与社会实践活动,通过实践体验,让学生深刻认识到课程知识在实践中应用的重要性。

(四)开展"科研反哺教学"活动

为促进学生科研创新能力的培养,教学团队组织成员积极参与到学生科研工作中,引导学生参加课题研究,鼓励学生在校期间发表论文,对有科研热情的学生进行科研"传、帮、带",形成可稳定传承的学生创新创业团队,探索"科研育人"工作模式。致力于打造一支"研究有水平、教学有方法、指导有高招"的教师

团队,培养教工党员"红色信仰的传播者、专业知识的传授者、创新创业能力的锻造者"三位一体的"红色导师"责任意识,助力"双提升"工作取得更好的成果。

（五）推进教师教学质量的监控、反馈与反思工作

教学团队致力于提升教师的教学质量,通过推进教师教学质量的监控、反馈与反思工作来实现这一目标。为此,团队制定了教学质量监控工作方案,采用多种方式进行监控、反馈与反思,以学生为中心,动态评估和提升教师"课程思政"教学能力。

具体来说,团队通过团队支部书记督导、团队成员相互督导、自评、团队成员互评、学生评价相结合的方式,引入团队自我检验与评价体制,开展教学工作的反馈与反思活动。同时,基于 OBE 理念,以学生为中心,团队通过访谈、学习通平台留言等方式开展调研与收集反馈意见,分析学生对课程内容与"课程思政"教学的满意度、获得感,定期召开教学反思活动,据此提出以学为主,以教为导的改进措施,提升教学成效。

此外,团队还制定了教学质量监控方案,明确教学质量监控的流程、内容和标准,确保教学质量的科学监控。同时,团队定期开展教学质量评估,对课程教学进行全方位、多角度的评估,及时发现问题,采取措施加以改进。鼓励学生提供针对性的反馈意见,及时了解学生对教学的评价和建议,以便及时调整和改进教学内容和方法。

二、"金融工程学""课程思政"建设与实践案例

"金融工程学"是一门新兴的交叉学科,旨在通过创新金融工具的设计、开发与实施,借助工程思维和运用金融衍生品,创造性地解决金融问题。该课程是金融类专业的基础课程之一,具有重要作用。

虽然该学科在国外起源于商学院微观金融概念的发展,但我国的金融学是从政治经济学发展而来,因此,金融工程学应该注重金融创新,打通金融和经济的通道,实现金融工程宏观化、微观化和现代化的多元发展,为我国金融和产业的多元发展做出贡献。金融工程学课程已在福建江夏学院金融学院的四个系所开设,每个学期开设约十个班次,并融入相关的德育知识,培养未来金融从业者的良好金融道德观。在党支部的引领下,教学团队深入挖掘思政资源,为课程体系的重构提供支持,并探索新模式,其本土化、增强中国经济理论自信及赋予时代性、前沿性的专业/思政内容,是学校、专业、学生急需的重要教学实践。

(一)教学目标和教学大纲的修订

传统的金融工程学课程主要关注学生对金融工程基本概念、原理和方法的熟悉和掌握,以及对金融衍生工具交易制度、交易流程和风险特征的理解,掌握金融衍生工具的套利、套期保值和投机策略等技能。然而,这些课程目标忽略了金融工程学课程的育人功能。为此,需要在原有大纲的基础上,深入挖掘课程中的德育元素,将德育教育与专业教育有机结合。具体而言,需要注重塑造学生的价值观,培养他们的专业能力和理论知识,并明确将这些目标列为课程培养目标。此外,需要在知识目标上注重形成兼具人文社会科学、自然科学、工程与技术科学的均衡知识结构,以及在金融相关领域、行业和技术体系内,具有较熟练的项目分析、设计和开发的专业能力。这样的教育将增强学生自主学习、分析问题和辨别是非的能力,并且在中国特色哲学社会科学学科体系下,将理想信念、爱国情怀、法治意识、社会责任、文化自信和人文精神等要素转化为社会主义核心价值观教育实例。具体而言,课程修订的三个目标是:

1. 知识目标

系统掌握金融工程学的基本知识、基本理论和基本方法,理解主要金融衍生工具的交易制度、交易流程及其风险特征,掌握金融衍生工具的套利、套期保值和投机策略,了解金融衍生工具的定价方法,以及金融工程在金融风险管理及企业并购、避税等领域的应用。同时还需具有其他相关领域知识,形成兼具人文社会科学、自然科学、工程与技术科学的均衡知识结构,具有在金融相关领域、行业和技术体系内较熟练进行项目分析、设计与开发的专业能力。

2. 能力目标

具有获取知识的能力,能够掌握有效的学习方法,主动接受终身教育;具有实践应用能力,能够在金融实践活动中灵活运用所掌握的专业知识;具备一定的科学研究能力,能够运用专业理论知识和现代经济学研究方法分析解决实际问题;具备创新精神、创业意识和创新创业能力。

3. 育人目标

热爱祖国,遵纪守法,具有良好的道德品质和文明习惯,培养良好的职业操守和职业道德,具备社会责任感和人文关怀意识;具有良好的专业素养,熟悉国家有关金融的方针、政策和法律法规,了解国内外金融衍生品的发展历程与动态;具有一定的科学知识与科学素养;具有良好的身心素质。

(二)重构教学内容和方法体系

教学内容上要认真贯彻落实全国思想政治工作会议精神要求,围绕"课程思政"的教学目标,做到专业教育和核心价值观教育相融共进,引导当代大学生树立和践行社会主义核心价值观。同时,金融业作为现代经济核心的服务行业,具有很大的社会影响,客观上要求金融从业人员拥有良好的职业道德。如何将专业性职业伦理操守和职业道德教育融为一体,给予相关专业学生正确的价值取向引导,以此提升其思想道德素质及情商能力显得尤为重要。就金融工程学这门课程而言,可从以下几个方面入手:

1. 金融市场的道路自信和制度自信

尽管金融工程学源于西方资本主义国家,但在中国特色社会主义体制下得以继承和发展。金融工程在中央政府的统筹部署下,为企业创新、社会发展和国家经济增长起到了重要作用。与西方资本主义道路无法解决周期性危机问题相比,中国特色社会主义下的金融市场发展避免了诸多问题,加强了道路自信和制度自信。

2. 科学思维和工程思维

金融工程学课程不仅包括追求真理的科学思维,还包括实事求是解决实际问题的工程思维。学生在研究过程中应坚持科学精神,但也不应闭门造车,应具有将理论知识应用于实际生活中,来解决具体问题的工程思维。学校应培养具有两种思维模式的求真务实的金融工程人才。

3. 法律意识和职业道德

金融工程的健康发展需要完善的法律体系和良好的职业道德。金融从业人员必须具有法律意识,遵纪守法,明确地知道金融创新与法律的边界。学生应具备清晰的法律意识和契约精神,以促进金融工程行业的正常发展,并为国家金融业稳定做出贡献。

4. 大局意识和风险意识

金融产品不仅服务于个体投资者或企业,更服务于国家金融与经济发展。学生应具备清晰的大局意识,将国家利益和集体利益放在个人利益前面。在设计复杂的金融产品时,必须站在全局的角度评估其金融风险,避免将风险未知或不可控的金融产品直接抛向社会。在教学中融入金融市场职业道德教育,培养学生具有家国情怀、法律意识、大局意识和风险意识。

为了达成多样化的思政供给目标,团队从本校特色、中国特色和本土化经济元素三个层面出发,结合社会主义核心价值观、科学发展观、马克思主义辩证法、系统性和重点论等理论与方法,凝练出了适应内容和目标的思政元素,并采用相应的教学方法重构了课程教学体系(表 4-1)。

表 4-1　　　　　"课程思政"教学内容和方法体系重构

教学模块	专业知识点	教学方法	思政维度	思政元素
金融工程概论	金融工程的定义和发展背景	讲授法	文化素养 国际视野	金融工程作为一门分支学科,有着严谨的科学内涵。通过了解金融工程的发展历程,培养学生的国际视野,明晰金融工程能够解决的实际问题
	金融工程在中国的发展	案例教学法(CBL)	政治认同 家国情怀 使命担当	结合中国特色社会主义的发展,回顾金融工程在我国的发展现状和不足,培养学生的家国情怀和使命担当
金融产品定价技术	金融产品定价的基本方法	讲授法、问题导向教学法(PBL)	科学精神 职业道德	以严谨的科学思维理解金融产品定价的基本原理,加强学生的职业道德培养
	无套利方法 风险中性定价方法	讲授法	风险意识 大局意识	通过理解无套利定价和风险中性定价方法,来强化学生的风险意识和大局意识
金融远期和期货市场	金融远期市场概述	案例教学法(CBL)	科学精神 家国情怀 政治认同 法律意识	理解远期金融市场的运作机制,并应用工程思维阐述远期金融市场可以为国家解决的实际金融问题
	金融期货市场概述	小组合作学习(TBL)	科学精神 家国情怀 政治认同 法律意识	在认识金融期货市场交易机制的基础上,以苹果期货为例,让学生理解金融期货是如何助力发展农村经济的
金融远期和期货合约的定价	金融远期的定价	任务驱动法(TDM)、小组合作学习(TBL)	科学精神 工程思维	理解设计远期合约的最初动机,了解远期合约的价格发现功能
	金融期货的定价	讲授法、小组合作学习(TBL)	法律意识 风险意识	以 2022 年伦敦镍期货交易案例为背景,分析期货交易中蕴含的法律问题和风险问题

（续表）

教学模块	专业知识点	教学方法	思政维度	思政元素
金融互换	互换市场概述与分类	案例教学法（CBL）	科学精神 工程思维	以利率互换、外汇互换等基本互换合约为例，理解掌握互换合约的工作原理，并辨析设计互换合约后的工程思维
	互换合约的定价与应用	教学方法	科学精神 工程思维 国际视野	了解主流外汇互换在国际贸易中的应用案例。开拓国际视野，为服务国内金融发展提供经验借鉴
金融期权市场及其交易策略	期权市场的概述与价格特征	讲授法	家国情怀 时代担当	从国家的角度来理解建立期权交易市场的必要性，同时分析当前期权交易制度存在的问题，培养学生的家国情怀和时代担当
	期权交易策略与应用	案例教学法（CBL）	科学精神 工程思维	结合国内外具体案例，理解和掌握各类期权组合的交易策略及其对应的组合收益分析
金融期权定价	布莱克—舒尔斯期权定价模型	讲授法、问题导向教学法（PBL）、小组合作学习（TBL）	科学精神 职业道德 工程思维 风险意识	理解 Black-Scholes 模型在金融工程发展历史中的重要意义，明白其背后蕴含的风险对冲的风险管理哲学
	二叉树定价模型	讲授法	科学精神 职业道德 工程思维	要求学生学会"二叉树"定价理论，同时能够通过编程实现基本的"二叉树"定价功能
金融衍生工具在套期保值中的应用	基于远期和期货的套期保值	案例教学法（CBL）	科学精神 工程思维	理解套期保值交易的科学逻辑，并利用工程思维来针对具体案例问题提供不同的套保交易方案。提升学生解决实际问题的能力
	基于期权和互换的套期保值	小组合作学习（TBL）	科学精神 工程思维	对比基于期权和互换的套保策略，加强学生金融创新解决实际问题的能力
金融衍生工具在套利中的应用	套利交易的基本原理	任务驱动法（TDM）、小组合作学习（TBL）	风险意识 大局意识 家国情怀 时代担当 国际视野	以铁矿石交易中的套保案例来阐述套利交易背后的风险。并从国家层面理解进行铁矿石套保交易的逻辑，增强学生们的风险意识和大局意识。以国内外实务套利交易案例为基础，展示衍生品套利交易如何服务国家经济发展，以及还存在哪些尚待解决的实际问题。借鉴国外经验，探索中国特色解决方案

(三)发掘"课程思政"资源的途径

为了更好地发挥金融工程学课程的育人功能,团队探索了多种途径来发掘"课程思政"资源。具体而言,可以从以下几个方面入手:

第一,发掘课程内容德育元素。团队成员引导学生运用专业视角审视思政教育,将有关的道德规范和职业伦理价值观融入教学中。这种方法可以有效消除思想政治教育或意识形态教育对于学生的抵触情绪。

第二,发掘实践教学中的德育元素。团队成员承担学生社会实践的指导任务,要求学生在实习中注重爱岗敬业、提高专业知识和技能,并着重培养他们的职业操守。在大学生创新创业项目指导和评审工作中,注重价值导向,帮助学生树立正确的创业理念和经营方式。在实训课中,有意识地引导学生关注实验教学,培养他们求真务实的精神和脚踏实地的作风。

第三,校企协同育人中发掘德育元素。团队依托"党建+科研"助力"双提升"校级党建立项活动,与合作单位党支部联合开展党建活动,组织开展专业改革以及学科建设、课程建设、教材改革等方面建设。同时,加强与金融企业的联系,通过实践机会和交流平台促进学生的实际操作技能和职业素养的提升。

(四)教学方法的变革

金融工程学思政内容主要涉及金融市场发展中的道路自信和制度自信、科学思维和工程思维、金融市场发展的法律意识和职业道德、金融从业人员大局意识和风险意识等方面。通过灵活运用网络课程、案例教学法、翻转课堂教学法、参观教学法等教学方法进行变革。

1. 以学科竞赛为契机,加快网络课程的建设

在慕课(MOOC)、翻转课堂等教学模式大行其道的今天,金融工程课程也应当从严肃的课堂中走下来,采用形式多样、内容新颖活泼的方式,以网络课程的形式,向学生传授相关知识。授课内容可依据"中金所杯"等学科竞赛的考纲要求,将相关知识点拆分成十分钟以内的多个短视频,供学生在线学习,并附以一定数量的课后习题,以便学生及时掌握所学知识,进而提升学生"以赛促学"的热情和成效。

2. 翻转课堂教学法

"SPOC+翻转课教学"是指一种基于小规模私有在线课程(SPOC)的混合式学习模式,将线上学习和线下学习有机结合,实现了课堂教学与课外学习的统一。在教学过程中注重理论与实践的相结合,穿插视频教程等多媒体内容的展示。利用学习通平台进行课外知识延展布置、作业及批改、考核平时成绩等。

3. 案例教学法

根据新教学大纲制作的能体现"课程思政"特点的新课件（新教案）及案例集。可以选取真实的金融投资案例，让学生从中学习道德规范、职业操守和法律意识等相关知识。特别是加强金融衍生品投资不当造成国有资产流失案例的搜集、整理。同时，通过了解相关违法违规案例，并结合《期货法律法规与执业操守》的内容，增加法律意识与法制观念。

4. 走访企业、参与投资沙龙

为了让学生深入了解金融市场的实际情况，团队组织学生参加金融高峰会、走进私募机构、辖区期货经营机构等，让学生对金融衍生品市场进行全方位认知。此外，通过邀请业界专家进课堂、让优秀学生去对口单位实习等方式，加强与业界的交流，在沟通过程中及时调整授课的内容，培养更有市场竞争力的专业人才。

三、课程评价与成效

（一）对教师的评价

为了确保"课程思政"教育的有效实施，团队采用以下方式对教师进行评价：

1. 教学准备评价

在课程设计、教案编写和线上资料制作等方面，要求教师提前提炼思政元素，以确保"课程思政"目标的实现。

2. 教学过程评价

依托"线上＋线下"混合式教学模式，借助学习通平台，采取恰当的教学方式实现课前、课中、课后立体化、整体化、不间断学习，以确保教学质量。

3. 教学结果评价

团队建立健全多主体参与、多维度动态评价体系，包括同行评议、随机听课、学生评教、教学督导检查、学生获奖及教研教改成果等，覆盖课前准备、课中教学和课后结果全过程，以科学评估教学效果。

4. 评价结果运用

针对同行评议、学生评教、教学督导等提出的改进建议，以及对学生考核的成绩分析，对教学不断进行反思与改进，提高教学水平。

(二)对学生的评价

为了检验学生对"课程思政"元素的领会和内容的掌握程度,团队采用以下方式对学生进行评价:

1. 学习过程评价

运用学习通平台实现"SPOC+翻转课教学",以定位性评价、形成性评价、诊断性评价为主,终结性评价为辅,检验学生是否按时完成任务,并积极参与课前预习、课中学习和课后实训等教学全过程。

2. 学习效果评价

通过线上学习分析报告、平时作业、课堂讨论、资源库平台资料分析报告、随堂练习、期末考试等多种形式考核,检验学生对"课程思政"元素的领会及内容的掌握程度。

3. 评价结果运用

通过师生座谈会和系部教研活动等多种形式,对学生的学习效果进行科学分析,总结经验,改进不足,以提升"课程思政"的学习效果。

(三)改革成效、示范辐射

为了充分发挥思政教育在金融工程专业人才培养中的重要作用,团队已经构建了一套核心课程德育实践教学内容体系,并取得了显著的成效。团队负责人被评为福建省"课程思政"专家,主持的"《金融工程学》教学中德育内容融合之探讨"获得了2018年省"课程思政"教育教学改革精品立项,并发表了相关教改论文。思政元素也已经体现在新出版的《金融工程学》教材(2022年厦大出版社)中。团队通过公开示范课程的展示和录制、建立学习通网课资源等方式,助力专业、学校事业的发展。团队获得了2020年、2022年福建省教学成果奖二等奖2项,成为该领域的先锋和示范。

本章着重探讨了在产教融合背景下,金融类专业"课程思政"建设与实践的重要性、特点、难点及其建设路径。我们认为,金融类专业"课程思政"教育是培养具有中国特色和国际视野的高素质金融人才的必要手段和重要途径,应该得到重视和深入推广。同时,在产教融合的大背景下,金融类专业"课程思政"教育也面临着新的机遇和挑战。对此,我们需要不断完善教育体系、创新教学模式、加强实践教学、提升教师队伍和质量监控等方面的建设。只有这样,才能够满足金融行业对于高素质人才的需求,促进金融产业的可持续发展。鉴于此,下一章将聚焦金融类专业产教融合的未来趋势与展望。我们将从多个角度出发,分析未来金融行业发展的方向和趋势,并提出相应的培养目标和方法。希望通过本章的讨论和研究,能够更好地为金融类专业教育的未来发展提供参考和借鉴。

第六章
金融类专业产教融合的未来趋势与展望

随着数字化技术的不断进步和应用,金融行业正面临着前所未有的机遇和挑战。在这一背景下,金融类专业产教融合需要顺应时代潮流,积极探索创新模式,以更好地满足未来金融行业对高素质人才的需求。本章将从数字化与技术创新、个性化与多元化、国际化与一体化及政策支持与优化四个方面出发,探讨金融类专业产教融合未来的趋势和展望。通过本章对金融类专业产教融合未来趋势的探讨,我们希望为相关行业提供新的思路和启示,推进金融类专业的教育改革和人才培养。

第一节　数字化与技术创新

随着数字经济的发展,数字化技术对金融行业产生了深刻的影响与挑战,也为金融教育带来了新的需求与机遇。数字化技术不仅改变了金融业务的流程、模式和效率,也重塑了金融客户的需求、行为和体验。金融教育要适应这一变化,培养具有数字化思维和能力的金融人才,推动金融产教融合的发展。

一、数字化技术对金融行业的影响与挑战

数字化技术是新一代信息技术的代表,包括互联网、大数据、云计算和人工智能等。其高速、智能、互联、开放等特点,使得其能够提供更加便捷、高效、安全和个性化的金融服务。在金融行业中,数字化技术的影响和挑战主要体现在以下三个方面:

首先,数字化技术促进了金融业务的创新。通过大量数据的精准分析,金融机构能够提供更加多样化、差异化和定制化的金融产品和服务。例如,基于人工智能和大数据的智能投顾系统能够根据客户的风险偏好、收益目标和资产配置等因素,为客户提供个性化的投资建议和组合管理;基于云计算和区块链的供应链金融平台则能够实现供应链上各方的信息共享和信用传递,降低交易成本和风险。

其次,数字化技术提升了金融效率和质量。通过实现业务流程的自动化、线上化和智能化,数字化技术提高了金融机构的运营效率和服务质量。例如,基于云计算和微服务架构的核心系统改造能够实现系统的高可用性、弹性扩展性和快速迭代性;基于人工智能和自然语言处理的智能客服系统则能够实现客户问题的自动识别和解决,提升客户满意度。

最后,数字化技术推动了金融竞争和合作。数字化技术使得金融市场更加开放和多元化,推动传统金融机构与新兴科技企业之间的竞争和合作。例如,基于移动支付和社交网络的超级应用平台能够提供一站式的生活服务,并利用大量数据进行场景化营销;而基于开放银行理念和 API 技术的银行科技合作,则能够实现金融机构与科技企业之间的数据共享和服务互通。

总体而言,数字化技术对金融行业产生了重要影响和挑战。为了适应数字化时代的发展趋势,金融机构需要不断加强自身数字化能力的建设,并实现数字化转型和创新。同时,也需要注意防范数字化技术所带来的潜在风险,如数据安全、隐私保护、算法歧视和网络攻击等。

二、数字化技术对金融教育的需求与机遇

数字化技术不仅对金融行业产生了影响和挑战,也对金融教育提出了新的要求和带来了新的机遇。为适应数字化时代的发展趋势,金融教育需要从以下几个方面进行调整:

首先,金融教育需要调整其理念和目标,重视人才培养,强化创新驱动,注重质量保障和社会责任。要着重培养具有国际视野、专业素养和创新精神的复合型、应用型、创新型金融人才,并注重培养学生的数码思维和能力,如数据分析、编程开发和人工智能等。

其次,金融教育需要更新其内容和课程设置,紧跟数字化技术和金融业务的发展,反映数字化时代的金融理论和实践。要增加与数字化技术相关的基础课程和专业课程,如云计算、大数据、区块链和人工智能等,并加强与数字化业务相

关的综合课程和实践课程,如智能投顾、供应链金融和开放银行等。

再其次,金融教育需要改革其方法和手段,利用数字化技术来提升教学效果和质量。要运用线上线下相结合的混合式教学模式,利用网络平台和多媒体工具来拓展教学空间和时间,并采用案例分析法、项目驱动法和沙盘模拟法等多种教学方法,以增强学生的实践能力和创新能力。此外,要建立基于大数据和人工智能的智慧教学系统,以实现个性化和精准化的教学管理。

最后,金融教育需要深化产教融合模式和机制,促进校企合作和双向交流。要建立以产业需求为导向的产教协同创新平台,推动以订单培养为主要形式、以校内外双导师制为主要方式、以工作岗位为主要场所的产教一体化人才培养模式。这将有助于提高金融人才的素质和能力,使其更好地适应数字化时代的发展趋势。

三、数字化技术对金融产教融合的支撑与推动

数字化技术不仅对金融行业和金融教育带来了新的机遇和挑战,也为金融产教融合提供了新的支撑和推动。其中,数字化技术主要在以下几个方面增强了金融产教融合的需求和动力,丰富了其内容和形式,并提升了其效果和质量。

首先,数字化技术的发展使得金融行业需要更加注重数字化能力和创新能力的培养,这就增强了与金融教育之间的合作与交流。双方可以共同开展研究和实践,推进数字化技术在金融领域的应用和创新,共同培养具有数字化思维和能力的高素质人才,以适应市场变化和客户需求。

其次,数字化技术使得金融产教融合可以实现更加广泛和深入的协同创新。金融行业可以借助数字化平台和工具为金融教育提供更多的数据资源、案例资源、项目资源等,支持教学内容的更新和课程的开发。同时,金融教育也可以通过数字化平台和工具为金融行业提供更多的研究成果、咨询服务、培训服务等,支持业务发展的指导和改进。

最后,数字化技术提高了金融产教融合的效果和质量。金融行业可以利用大数据和人工智能等技术,对人才需求进行精准分析和预测,为人才培养提供更加科学和有效的指导。同时,金融教育也可以利用大数据和人工智能等技术,对人才培养进行智能监测和评价,为人才质量提供更加客观和公正的保障。

综上所述,数字化技术在金融产教融合方面具有重要作用。金融行业和金融教育应当深度合作,共同推进数字化时代下的金融产教融合新模式的探索与实践,为金融行业的发展和金融教育的进步做出贡献。

数字化与技术创新是金融业发展的重要驱动力。金融科技的快速发展为产教融合提供了新的技术支持与应用场景。例如,在金融领域广泛应用的人工智能、区块链、云计算、大数据等新技术,为金融服务、风险管理、监管创新等方面带来了新的可能性和挑战;数字货币、数字支付、数字银行等新型金融业态的出现,为金融市场、金融消费、金融普惠等方面带来了新的机遇和变革;而数字经济、数字贸易、数字治理等新型经济社会模式的形成,则为金融理论、政策、制度等方面带来了新的课题和需求。

数字化与技术创新对金融类专业产教融合提出了更高的要求和提供了更广阔的空间。一方面,要求金融类专业不断完善课程体系和更新教学内容,紧跟技术发展和行业变化,培养学生掌握前沿知识和技能,提高学生创新能力和适应能力;另一方面,为金融类专业提供了更多与企业合作的平台和渠道,促进学校与企业共建共享实验室、数据中心、创新中心等资源,共同开展项目研究、案例开发、实习实训等活动,共同培养具有数字金融素养和技术能力的高素质人才。

第二节　个性化与多元化

随着数字经济和金融科技的迅速发展,金融市场和金融消费者的需求日益多样化和个性化,对金融人才的素质和能力也提出了更高的要求。如何培养适应数字金融时代的复合型、创新型、国际化的高素质金融人才,是当前金融教育面临的重大课题。

一、个性化与多元化对金融人才培养的要求与方向

在数字金融时代的背景下,个性化与多元化成为金融人才培养的重要导向。不同金融岗位对人才素质和能力的要求也有所不同:商业银行需要员工具有较强的营销能力和风险控制能力;证券公司需要员工具有较强的分析能力和创新能力;投资银行需要员工具有较强的财务能力和沟通能力;保险公司需要员工具有较强的精算能力和管理能力。因此,在金融产教融合教育中,高校应该根据社会需求和企业发展趋势,调整课程设置,打破学科边界,提供更加个性化、多元化的教育选择,满足不同人才的培养需求。

同时，金融人才还需要具备专业性和通识性相结合、理论性和实践性相结合、本土化和国际化相结合、创新性和责任感相结合等多方面的素质和能力。其中，专业性和通识性相结合，指金融人才需要拥有扎实的专业知识和技能，同时具备广博的通识视野和跨学科思维，能够在复杂多变的金融环境中灵活应对并创造价值。理论性和实践性相结合，指金融人才需要掌握经济金融学和现代信息科技的理论基础，同时熟练运用金融科技、数据科学、算法和智能技术等工具，能够在实际问题中进行分析和解决。本土化和国际化相结合，指金融人才需要立足本土市场和文化，同时具备国际视野和竞争力，能够在全球范围内进行交流和合作。最后，创新性和责任感相结合，意味着金融人才不仅要具备创新精神和创造力，还要树立良好的社会责任感和职业道德感，能够在推动金融发展的同时保障金融稳定和普惠。

通过全面系统的金融教育和培训，金融人才可以不断提升自身的专业能力和综合素质，以适应数字金融时代的挑战和机遇。同时，金融行业和金融教育也需要紧密合作，在产教融合中实现优势互补和协同发展，促进金融人才培养的创新与发展。

二、个性化与多元化对金融教育模式的改革与创新

随着金融行业的快速发展和变革，个性化与多元化对金融人才培养提出了新的要求。为满足这些要求，金融教育需要进行改革与创新，构建开放式、模块化、实践型、国际化的教育模式。

首先，开放式教育模式是打破传统封闭式教育体系的重要手段。通过建立与产业界、市场界、社会界等多方主体的广泛合作关系，形成产教融合、校企共建、社会参与等多元互动机制，为学生提供更丰富的学习资源和机会。这种教育模式可以让学生接触到最前沿的行业信息，了解真实的职业环境和竞争态势，从而更好地适应市场的需求和发展趋势。

其次，模块化教育模式强调的是根据学生的兴趣、特长、职业规划等个性化需求，提供灵活多样的课程选择和学习路径，为学生提供更个性化的学习方案和体验。"金融学大类基础＋专业＋数字金融"等多层次、多方向的课程体系，可以让学生在学习的过程中把握自己的发展方向和重点，更好地实现个性化培养。

再其次，实践型教育模式突出了学生的实践能力和创新能力的培养。这种教育模式不仅要提供更多的实验室、实训中心、创新平台、实习基地等实践教学

设施和场所，还要形成课内实践、课外实践、校内实践、校外实践等多维度、多层次的实践教学体系。通过这种方式，学生可以在实际工作环境中学习和锻炼，增强实际操作能力，更好地适应职业发展的需求。

最后，国际化教育模式拓宽了学生的国际视野。除了要提供更多的海外交流、留学、访问、合作等国际化教育项目和活动之外，还要形成双向互动、多元融合、共同提升等国际化教育理念和机制。这样一来，学生可以在国际化背景下更好地认识到自己的优势和不足，了解国际金融行业的先进经验和发展趋势，提升自己的国际视野和竞争力。

综上所述，个性化与多元化对金融人才培养提出了新的要求，而开放式、模块化、实践型、国际化的教育模式则是满足这些要求的关键。这些教育模式可以让学生更好地适应市场需求和发展趋势，增强实际操作能力，提升国际视野和竞争力，为金融行业培养更多具有独特优势的人才。

三、个性化与多元化对金融产教融合的深化与拓展

金融产教融合模式的个性化与多元化发展，推动了金融行业和金融教育在人才培养、科技创新和服务社会方面的深度合作。对于人才培养方面，金融行业应积极参与金融教育的课程设计、师资培训和项目指导等环节，提供更多数据资源、案例资源和项目资源等支持，促进教学内容的更新和课程的优化。金融教育则需响应金融行业的人才需求，为其提供研究成果、咨询服务和培训服务，从而促进业务指导和改进。

在科技创新方面，金融行业应利用数字化平台和工具，为金融教育提供更多的科技资源、创新资源和合作资源等支持，以促进科研项目的开展和成果转化。而金融教育则可通过数字化手段，为金融行业提供更多的科技成果、创新成果和合作成果，促进科技应用和创新推广。

在服务社会方面，金融行业可以充分发挥数字化优势，为金融教育提供更多的社会资源、公益资源和影响资源等支持，从而促进社会责任的履行和价值传播。而金融教育则应通过数字化手段，为金融行业提供更多的社会服务、公益服务和文化传承，以促进社会发展的可持续性和稳定性。

因此，金融产教融合新模式需要金融行业和金融教育紧密合作，共同探索个性化与多元化时代下的发展路径，以适应不断变化的市场需求和社会发展的要求。

第三节 国际化与一体化

随着全球经济的一体化和信息技术革命的发展,国际金融市场一体化的趋势日益明显,各国金融市场之间的联系日益密切,金融活动的跨境流动日益频繁,金融产品和服务的创新和多样化日益丰富。

一、国际化与一体化对金融行业发展的驱动与挑战

国际金融市场一体化使得金融机构和投资者能够在更广范围内寻找最佳的投资机会和最优的资金成本,提高了资本流动性和效率,促进了金融市场的竞争力和活力。同时,它也激发了金融机构进行产品和服务创新的动力,促进了各种新兴的金融工具和模式的出现和发展。国际金融市场一体化还强调了金融监管部门之间的信息交流、政策沟通,以应对跨境金融风险和危机,维护国际金融稳定和安全。

然而,国际金融市场一体化也带来了很多挑战。由于各国金融市场之间越来越紧密相连,各种风险因素更容易在全球范围内迅速传播和扩散,导致局部风险事件可能引发全球性的金融危机。此外,国际金融市场也更容易受到国际经济、政治、社会等因素的影响,价格波动和预期变化更加剧烈和频繁,增加了金融市场的不稳定性和不可预测性。

对于金融监管部门而言,国际金融市场一体化使得跨境监管问题和挑战更加复杂。如何协调不同国家的监管标准和规则、如何处理跨境金融纠纷和违法行为及如何防范跨境洗钱和逃税等,都是监管难度和成本加大的问题。

综上所述,国际化与一体化对金融行业的发展具有驱动和挑战双重作用。金融机构和监管部门应积极应对,并根据实际情况制定相应的策略和措施,以实现在国际金融市场竞争中占据有利地位的目标。

二、国际化与一体化对金融教育质量的提升与保障

随着国际金融市场一体化的发展,金融教育也面临着国际化与一体化的要求和挑战。对于金融教育,需要从以下几个方面进行提升和保障:

首先,针对加强国际交流与合作,金融教育需要借鉴和学习国际先进的教育理念、教学方法、教学内容、教学评价等,并加强与国外优秀的高校、研究机构、行

业组织等的交流与合作,开展联合培养、学术交流、项目合作等活动,以拓宽师生的视野,增进相互之间的了解和信任。

其次,关于促进课程与教材的更新与创新,金融教育需要及时跟进国际金融市场一体化的发展趋势和变化,调整和优化课程设置和教学内容,以反映金融理论与实践的最新进展和前沿问题。同时,金融教育需要编写和引进符合国际标准和要求的教材和案例,以提高教学质量和效果。

再其次,在培养国际化与一体化的人才方面,金融教育需要培养具有国际视野、跨文化沟通能力、创新思维能力、团队协作能力等素质的人才,以适应国际金融市场一体化的工作环境和要求。同时,金融教育需要培养具有专业知识、技能、道德等方面的综合素养的人才,以满足国际金融市场一体化的专业需求。

最后,防范和应对国际风险和危机是不可缺少的。高校需要注重培养学生分析、判断、预测、决策等方面的能力,让学生了解国际金融风险和危机的形成原因、传播机制和影响范围等方面的知识,掌握有效的风险管理和危机应对方法。同时,金融企业也应加强自身的风险管理和危机应对能力,建立健全的风险防控体系,及时发现并处理潜在或已发生的风险问题,减少损失并寻求转机。

三、国际化与一体化对金融产教融合的协作与共赢

随着国际金融市场的一体化发展,金融产业与金融教育需要加强协作与共赢,实现产教融合。在此基础上,可以从建立多元化的合作平台、搭建互动化的合作机制、创新多样化的合作内容三个方面进行具体实践:

首先,在建立多元化的合作平台方面,金融产教融合需要建立多层次、多形式、多领域的合作平台,以促进各方资源共享和优势互补。例如,可以建立国家级、省级、市级等不同层级的金融产教融合联盟或协会,以整合政府、高校、企业、行业组织等各方力量,制定统一的标准和规范,开展政策研究和咨询服务,推动重大项目和重点领域的合作;可以建立区域性、行业性、专业性等不同类型的金融产教融合基地或中心,以聚焦特定的地域或领域需求,开展人才培养和技术创新,提供实习实训和就业创业服务;可以建立校企共建、校企双导等不同模式的金融产教融合项目或课程,以满足不同层次或阶段的人才培养目标,开展课程设计和教学实施,提高教学质量和效果。

其次,在搭建互动化的合作机制方面,金融产教融合需要搭建有效的沟通交流和协调配合的合作机制,以促进各方信息互通和利益均衡。例如,可以建立定期召开的金融产教融合工作会议或论坛,以汇报工作进展和成果展示,交流经验

做法和问题建议,研讨发展规划和合作方向;可以建立常态化运行的金融产教融合信息平台或数据库,以发布政策法规和行业动态,公布人才需求和供给情况,提供项目申报和成果转化服务;可以建立灵活多样的金融产教融合激励机制或评价机制,以奖励优秀的合作单位和个人,表彰杰出的合作项目和成果,监督评估合作过程和效果。

最后,金融产教融合需要创新多元化的合作内容,以适应国际金融市场一体化的发展趋势和变化。例如,可以开展国际化的合作内容,如与国外优秀的高校、企业、机构等开展联合培养、学术交流、项目合作等活动,以拓宽师生的国际视野,增强国际合作和竞争能力;可以开展创新化的合作内容,如围绕金融领域的前沿问题和热点问题,开展产学研协同创新、成果转化等活动,以提高金融理论与实践的创新水平和应用价值;可以开展多样化的合作内容,如针对不同类型、层次、方向的金融人才需求,开展定制化、个性化、差异化的人才培养和服务,以满足金融市场的多元化和细分化需求。

第四节 政策支持与优化

一、政策支持对金融产教融合发展的必要性和重要性

金融产教融合的有效运行不仅需要有利的宏观环境,更需要完善的内在运行机理,而政策支持则是支持其发展的重要保障和助推因素,具体体现在以下几个方面:

首先,政策支持能够为金融产教融合提供制度保障和法律依据,规范各方权利义务,激发各方积极性和主动性,促进校企合作、协同育人、资源共享等。例如,现有的《关于深入推进高等学校产教融合发展的指导意见》和《关于深入推进高等学校科技创新服务经济社会发展若干政策措施》等文件明确了产教融合的重要性和目标任务,并提出了具体措施和要求,为金融产教融合提供了政策支持和规范依据。

其次,政策支持可以为金融产教融合提供财政资金和税收优惠,降低校企合作成本和风险,增加双方收益和效益,鼓励投入更多的人力、物力和财力。例如,政府可以通过向高校提供专项资金,支持其与金融机构开展合作项目;或者通过减免税收等方式提供税收支持,鼓励企业参与校企合作,促进金融产教融合的

发展。

再其次,政策支持能够为金融产教融合提供土地、信用等要素支持,优化校企合作空间布局和信用环境,提高校企合作的可持续性和稳定性,促进校企双方形成长期互信、互利、互动的关系。例如,政府可以为金融产教融合提供土地保障,优化其空间布局;或者通过建立信用评价体系,提高校企合作的信用水平。

最后,政策支持可以为金融产教融合提供技术创新和服务创新的动力和平台,推动校企双方加强科技研发、成果转化、知识产权保护等,提升创新能力和竞争力,促进实现共同发展和共赢。例如,政府可以鼓励金融机构与高校联合开展科研项目,并提供相关支持;或者提供服务创新的平台,帮助金融机构和高校进行专业人才的培养和交流。

二、政策支持对金融产教融合发展的内容和方向

政策支持对于金融产教融合发展来说是至关重要的。具体而言,政策支持应该在以下几个方面加强:

第一,需要完善顶层设计,制定专门的指导意见和规划纲要,明确金融产教融合发展的整体目标、方案和措施,统筹协调各部门、各层级、各领域的政策措施。

第二,应当设立专门负责金融产教融合发展的实体机构,由高校、企业、政府以及行业专家组成,负责金融产教融合发展的总体设计、总体指挥、总体协调和总体评估。

第三,需要优化政策激励,根据金融产教融合项目和企业的特点和需求,制定差异化的政策激励措施,包括财政资金支持、税收优惠、土地要素支持和信用评价支持等。

第四,应当采取创新的政策方式,根据项目和企业的不同阶段和需求,采用多种形式和渠道进行政策支持,包括直接投入、间接补贴、贷款贴息、风险补偿和政府采购等。

第五,需要强化政策协同,实现金融、财税、土地、产业等多方面的政策协调配合,避免政策重复或冲突。这样可以形成政策上的协同推进,创造更好的发展环境。

三、政策支持对金融产教融合发展的方式和方法

为了促进金融产教融合的发展,政策支持需要采取多种方式和方法。具体

而言,政策支持可以在以下几个方面加强:

第一,建立金融支持机制,鼓励金融机构提供相关信贷和融资支持,创新多元化融资品种和金融服务。同时,应建立风险分担机制,通过降低校企合作的风险成本,增加校企合作的信用水平等方式来提高校企合作的可持续性和稳定性。此外,为了引导更多金融机构参与到产教融合项目中来,政府还可以设立产教融合发展基金、产教融合专项资金,对符合条件的项目进行资金扶持,为参与产教融合的企业和教育机构提供优惠贷款政策,降低融资成本,对于产教融合项目取得重要成果的企业和教育机构,给予一定程度的补贴等。

第二,建立财税支持机制,加大对校企合作项目的财政资金投入力度,提供直接或间接的资金支持。同时,应该完善对校企合作项目和企业的税收优惠政策,通过减免税收或退税等方式提供税收支持,并建立绩效考核机制,通过绩效评价体系、奖惩制度等方式提高校企合作项目的效益水平。

第三,建立土地支持机制,加强对校企合作项目和企业的产业指导和服务,通过产业规划体系、技术研发平台等方式提供产业支持。完善对校企合作项目和企业的产业优惠政策,通过减免或优惠等方式提供产业支持。建立产业协同机制,通过产业联盟体系、协同创新平台等方式提高校企合作项目的产业协同水平。

第四,建立产业支持机制,加强对校企合作项目和企业的产业指导和服务,并提供产业支持。同时,应该完善对校企合作项目和企业的产业优惠政策,并建立产业协同机制,提高校企合作项目的产业协同水平。

第五,搭建产教融合合作平台,为教育机构和金融企业提供便利的交流和合作机会。具体方式包括:建立产教融合信息平台,整合各方资源,提供产教融合项目信息、政策动态、人才需求等信息服务;设立产教融合交流中心为各方提供线上线下交流、合作、研讨等服务,促进产教融合成果分享和经验交流;举办产教融合活动,组织各类产教融合论坛、研讨会、培训班等活动,推动各方深入交流和合作。

第六,建立信用支持机制,完善对校企合作项目和企业的信用评价体系,通过信用评级、信用报告等方式提供信用支持。完善对校企合作项目和企业的信用激励政策,通过信用奖励、信用扶持等方式提供信用支持。建立信用监管机制,通过信用监测、信用惩戒等方式提高校企合作项目的信用约束水平。

综上所述,金融类专业产教融合是适应时代发展和行业需求的必然选择,也是提升人才培养质量和水平的有效途径。面对未来发展趋势与机遇,金融类专业应该抓住数字化与技术创新、个性化与多元化、国际化与一体化、政策支持与优化等四个方面,不断创新产教融合模式和机制,加强产教协同育人、校企共建共享资源、师生共同参与实践、成果共享共赢等四个层面,构建符合行业特点、适应社会需求、具有国际竞争力、反映学科优势的高质量人才培养体系。

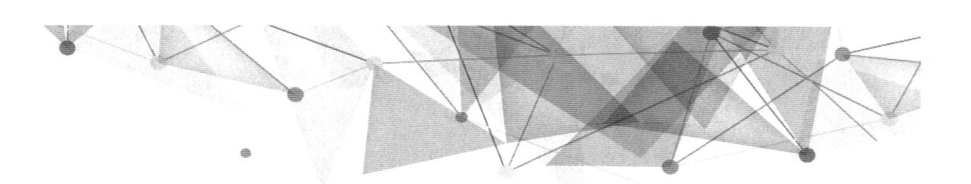

结束语

本书以金融类专业产教融合为主题,探讨了其在新文科背景下的理论基础、发展挑战、实践经验、"课程思政"、评价与持续发展等方面。旨在为金融类专业教育提供一种新的理念、模式和路径,培养具有社会责任感、创新精神和实践能力的金融人才。本书具有以下特点和创新之处:

1. 紧扣国家战略和社会需求,从新文科的角度分析了金融类专业教育的多元培养方向、课程体系调整、师资队伍建设等问题,提出了适应现代金融发展趋势的教育理念和方法。

2. 以福建江夏学院金融学院为案例,详细介绍了金融类专业产教融合的实施模式与案例,突出了"专业链+产业链+联盟链"的三链融合教育闭环,展示了"产教融合+创新创业理念"的引入对学生培养的积极影响。

3. 重视金融类专业"课程思政"建设,以"金融工程学"课程为例,介绍了"课程思政"教育的重要性、特点、难点、路径等方面,并分析了"课程思政"教育的成效,探索了一种将思想政治教育与专业知识教育有机融合的新模式。

4. 构建了金融类专业产教融合的评价体系,并提出了质量监控与保障机制、持续发展策略等建议,为金融类专业产教融合提供了可行的操作指南和参考依据。

5. 立足于实践,注重案例分析和数据支撑,结合作者多年从事金融类专业教育的经验和观察,力求做到理论与实践相结合,既有深度又有广度。

本书虽然尽力做到全面、深入、创新地探讨了金融类专业产教融合的相关问题,但仍然存在一些局限性和不足之处,需要进一步研究和完善,例如:

1. 案例分析主要集中在福建江夏学院金融学院,缺乏与其他高校或地区的比较和借鉴,可能存在一定的局限性和偏颇性。

2.数据来源主要依赖于问卷调查和文献资料,缺乏对实地考察和深度访谈的运用,可能存在一定的偏差和误差。

3.研究方法主要采用了定性分析和描述性分析,缺乏对量化分析和实证分析的运用,可能存在一定的主观性和片面性。

未来的研究可以从以下几个方面进行拓展和深化:

1.扩大案例范围,增加对其他高校或地区金融类专业产教融合的比较分析,充分吸收借鉴各地的成功经验和教训。

2.多元化数据来源,加强对实地考察和深度访谈的运用,提高数据的真实性和有效性。

3.创新研究方法,加强对量化分析和实证分析的运用,提高研究的客观性和科学性。

本书希望能够为金融类专业教育的改革与发展提供一些有益的思考和启示,为金融类专业产教融合的理论与实践做出一些贡献。随着国家战略的推进和社会需求的变化,金融类专业产教融合将面临更多的机遇与挑战,需要我们不断地探索与创新。我们相信,在新文科背景下,金融类专业产教融合将会取得更大的成就,培养出更多优秀的金融人才。

参考文献

[1] 夏霖等.应用型本科高校产教融合发展模式及其实现的保障机制[M].四川:西南交通大学出版社,2022.

[2] 梁学平等.新文科背景下财经类高校课程思政改革与专业建设路径的探索研究[M].天津:天津人民出版社,2023.

[3] 王军生等.经济学科课程思政教学指南[M].北京:中国统计出版社,2022.

[4] 陈星.应用型高校产教融合动力研究[M].北京:中国社会科学出版社,2020.

[5] 阎卫东等.地方高校产教融合高质量发展探索与实践[M].北京:中国建筑工业出版社,2022.

[6] 王凤领.地方本科高校产教融合应用型人才培养研究[M].北京:中国水利水电出版社,2020.

[7] 乔海曙等.产教发展共同体:应用型人才培养模式[M].北京:中国社会科学出版社,2021.

[8] 吴军梅.新时代财富管理应用型人才培养的探索与实践[M].厦门:厦门大学出版社,2020.

[9] 李杰辉,郑双阳.应用型本科院校创新创业基地建设探索与实践——以福建江夏学院金融学院为例[J].创新与创业教育,2019,10(1):62-66.

[10] 李杰辉,刘俊棋.CDIO理念视角下两岸应用型本科创新创业基地建设探索与实践[J].长春师范大学学报,2019,38(1):157-160.

[11] 李杰辉,张杭清,王胜强.基于大数据时代下学生信息共享平台的构建——以探索应用型本科创新创业基地建设为视阈[J].教育现代化,2019,6(10):24-27.

[12] 李杰辉,方杰.《金融工程学》教学中德育内容融合之探讨[J].福建金

融管理干部学院学报,2019(3):60-64.

[13] 肖靖.从产教结合到产教融合:40年职业教育的政策变迁[J].中国高校科技,2019(08):66-71.

[14] 于立生.应用型本科高校的产学研合作教育模式研究——以美国新奥尔良大学为例[J].海峡科学,2018(07):69-73.

[15] 唐向红,胡伟.日本产学官合作机制分析及启示——以早稻田大学产学官合作为例[J].东北财经大学学报,2012(03):29-34.

[16] 杨文凯,李丽."新文科"建设导向下产教融合困境与实践探索[J].山东青年政治学院学报,2022.38(06):7-13.

[17] 邹新月,张军,晏宗新.财经类高校新文科建设"四融合路径"探讨[J].创新与创业教育,2021.12(01):1-7.

[18] 肖云,郭忠林.应用型本科院校产教融合研究综述[J].合作经济与科技,2021(01):100-102.

[19] 伍海琳,肖伊宁.双一流建设背景下地方本科院校产教融合运行机制研究——以经管类专业为例[J].高教学刊,2018(16):1-3.

[20] 刘琳.基于PDCA理论的校内专业评估标准构建[J].宁波教育学院学报,2018,20(16):12-15.

[21] 黄巧荣.高校思想政治工作评价指标体系构建探究[J].河北青年管理干部学院学报,2020,32(05):60-64.

[22] 朱震杰.论高校毕业生就业中政府权责的应对策略[J].商丘师范学院学报,2011,27(08):121-124.

[23] 刘春艳,赵淼,李尚群.基于文本内容的我国产教融合政策的协同性分析[J].中国职业技术教育,2022(01):60-64.

[24] 徐涵.德国巴登符腾堡州双元制大学人才培养模式的基本特征——兼论我国本科层次职业教育人才培养模式重构[J].职教论坛,2022(01):121-128.

[25] 农万华等.地方应用本科院校校政企合作模式探索——以广西科技大学鹿山学院为例[J].广西教育,2018(8):88-89.

[26] 柳友荣,李尚群,王剑程.应用型本科院校产教融合模式及其影响因素研究[J].中国高教研究,2015(05):60-64.

[27] 蔡璇.新商科背景下黑龙江省财经院校产教融合对策研究[D].哈尔

滨:商学院大学,2021.

[28] 李惠芹.产教融合背景下经管类专业实践教学问题及对策分析[D]. 西安:西安财经学院,2019.

[29] 黄文琪.产教融合背景下应用型大学师资队伍建设研究[D].武汉:武汉理工大学,2019.

[30] 赵聪慧.新工科背景下产教融合育人模式研究——以西安电子科技大学为例[D].西安:西安电子科技大学,2019.

[31] 刘媛媛.高校转型背景下产教融合支持系统建立研究[D].沈阳:沈阳师范大学,2016.

[32] 王鹏凯.高校推进"课程思政"建设的有效路径研究[D].吉林:吉林农业大学,2021.

[33] 姚润玲.基于利益相关者理论的应用型本科院校产教融合绩效评价研究[D].哈尔滨:哈尔滨工业大学,2018.

[34] 彭梦娇.应用型本科高校产教融合的研究——以重庆科技学院为例[D].重庆:重庆师范大学,2016.

[35] 张金叶.中德工科院校实践教学体系比较研究[D].哈尔滨:哈尔滨理工大学,2020.

[36] 王娟.高等学校产教融合产权机制研究[D].北京:北京工商大学,2017.

[37] 商亮."六卓越一拔尖"计划2.0:打造高等教育"质量中国"的战略一招[EB/OL].

[38] 董鲁皖龙.中国新文科建设宣言发布[EB/OL].

[39] 教育部.教育部关于印发《高等学校课程思政建设指导纲要》的通知[EB/OL].

[40] 云南工商学院智能科学与工程学院:深化产教融合着力人才培养[EB/OL].

[41] 国务院.国家职业教育改革实施方案[EB/OL].

[42] 教育部.教育部关于狠抓新时代全国高等学校本科教育工作会议精神落实的通知[EB/OL].

[43] 教育部.新文科建设工作会在山东大学召开[EB/OL].

[44] 教育部.教育部关于公布2022年度普通高等学校本科专业备案和审

批结果的通知[EB/OL].

[45] 基于"六重"应用型本科人才培养模式的实践与探索[N].福建日报,2020-4-30.

[46] 福建江夏学院金融学院:"三链融合"育人才[N].福建日报,2021-12-28.

[47] 海通期货与福建江夏学院合作培养期货人才[N].期货日报,2017-10-13.

附 录

金融类专业产教融合满意度问卷

金融类专业产教融合满意度问卷(高校版)

问卷目的:了解金融类专业学生对产教融合人才培养模式的认知、态度和满意度,评价产教融合的效果和问题,为进一步完善产教融合提供参考。

问卷对象:金融类专业在校学生

问卷内容:

一、基本信息

您的性别是?

( )男　　( )女

您的年级是?

( )大一　　( )大二　　( )大三　　( )大四

您的专业是?

( )金融学

( )投资学

( )金融科技

( )金融工程

( )其他(请注明)

二、产教融合认知

您对产教融合的理解是?

（　）学校与企业合作，共同培养适应社会需求的人才

（　）学校与企业交流，共享教育资源和信息

（　）学校与企业互动，共同推进教育改革和创新

（　）以上都是

（　）不清楚

您认为产教融合的主要目的是？

（　）提高学生就业竞争力

（　）提高学生专业技能水平

（　）提高学生创新创业能力

（　）提高学生职业素养

（　）以上都是

（　）不清楚

您认为产教融合的主要方式有哪些？

（　）校企合作课程

（　）校企合作实训基地

（　）校企合作实习就业

（　）校企合作项目研究

（　）校企合作技能竞赛

（　）校企合作专业认证

（　）以上都是

（　）不清楚

三、产教融合态度

您对产教融合的态度是？

（　）非常支持

（　）比较支持

（　）一般

（　）不太支持

（　）反对

您对参与产教融合的积极性是？

( )非常积极

( )比较积极

( )一般

( )不太积极

( )消极

您对产教融合的期待是?

( )能够提高专业知识和技能

( )能够增加实践经验和见识

( )能够拓展人脉和资源

( )能够获得更好的就业机会

( )以上都是

( )没有期待

四、产教融合满意度

您对学校开展产教融合的力度满意吗?
( )非常满意 ( )比较满意 ( )一般 ( )不太满意 ( )不满意
您对学校开展产教融合的形式满意吗?
( )非常满意 ( )比较满意 ( )一般 ( )不太满意 ( )不满意
您对学校开展产教融合的效果满意吗?
( )非常满意 ( )比较满意 ( )一般 ( )不太满意 ( )不满意
您对参与产教融合的企业满意吗?
( )非常满意 ( )比较满意 ( )一般 ( )不太满意 ( )不满意
您对参与产教融合的导师满意吗?
( )非常满意 ( )比较满意 ( )一般 ( )不太满意 ( )不满意
您对参与产教融合的同学满意吗?
( )非常满意 ( )比较满意 ( )一般 ( )不太满意 ( )不满意

五、产教融合问题

您认为产教融合中存在哪些问题?

( )学校与企业的沟通不够顺畅

( )学校与企业的需求不够匹配

( )学校与企业的合作不够深入

( )学校与企业的利益不够平衡

( )以上都是

( )没有问题

您认为产教融合中需要改进的地方有哪些？

( )增加学校与企业的交流频次

( )增加学校与企业的合作项目

( )增加学校与企业的资源共享

( )增加学校与企业的激励机制

( )以上都是

( )没有需要改进的地方

您认为学校应如何改进，以提高产教融合满意度？

您认为企业应如何改进，以提高产教融合满意度？

请您在填写问卷时，如实回答，我们将会根据您的反馈，不断优化和改进我们的产教融合工作。非常感谢您的参与和支持！

金融类专业产教融合满意度问卷（企业版）

问卷目的：了解合作企业对高校金融类专业产教融合人才培养模式的认知、态度和满意度，评价产教融合的效果和问题，为进一步完善产教融合提供参考。

问卷对象：与高校开展金融类专业产教融合的企业

问卷内容：

一、基本信息

您的企业名称是？( )请填写

您的企业性质是？

( )国有及国有控股

( )集体

( )民营或私营

( )外商独资企业

( )中外合资企业

( )其他(请注明)

您的企业所属行业是?

( )银行

( )证券

( )保险

( )基金

( )信托

( )互联网金融

( )其他(请注明)

您的企业规模是?

( )少于50人

( )50～100人

( )100～500人

( )500～1000人

( )1000人以上

您的企业与高校开展产教融合的时间是?

( )1年以内

( )1～3年

( )3～5年

( )5年以上

二、产教融合认知

您对产教融合的理解是?

( )企业与高校合作,共同培养适应社会需求的人才

( )企业与高校交流,共享教育资源和信息

( )企业与高校互动,共同推进教育改革和创新

( )以上都是

( )不清楚

您认为产教融合的主要目的是?

( )提高企业的人才供给质量和效率

( )提高企业的技术创新能力和竞争力

( )提高企业的社会责任和声誉

( )提高企业的利润和效益

( )以上都是

( )不清楚

您认为产教融合的主要方式有哪些？

( )校企合作课程

( )校企合作实训基地

( )校企合作实习就业

( )校企合作项目研究

( )校企合作技能竞赛

( )校企合作专业认证

( )以上都是

( )不清楚

三、产教融合态度

您对产教融合的态度是？

( )非常支持

( )比较支持

( )一般

( )不太支持

( )反对

您对参与产教融合的积极性是？

( )非常积极

( )比较积极

( )一般

( )不太积极

( )消极

您对产教融合的期待是？

( )能够获取优质的人才资源

( )能够获取先进的技术资源

( )能够获取政策和资金的支持

( )能够获取市场和客户的拓展

( )以上都是

( )没有期待

四、产教融合满意度

您对高校开展产教融合的力度满意吗?

( )非常满意 ( )比较满意 ( )一般 ( )不太满意 ( )不满意

您对高校开展产教融合的形式满意吗?

( )非常满意 ( )比较满意 ( )一般 ( )不太满意 ( )不满意

您对高校开展产教融合的效果满意吗?

( )非常满意 ( )比较满意 ( )一般 ( )不太满意 ( )不满意

您对参与产教融合的学生满意吗?

( )非常满意 ( )比较满意 ( )一般 ( )不太满意 ( )不满意

您对参与产教融合的教师满意吗?

( )非常满意 ( )比较满意 ( )一般 ( )不太满意 ( )不满意

五、产教融合问题

您认为产教融合中存在哪些问题?

( )高校与企业的沟通不够顺畅

( )高校与企业的需求不够匹配

( )高校与企业的合作不够深入

( )高校与企业的利益不够平衡

( )以上都是

( )没有问题

您认为产教融合中需要改进的地方有哪些?

( )增加高校与企业的交流频次

( )增加高校与企业的合作项目

( )增加高校与企业的资源共享

(　)增加高校与企业的激励机制

(　)以上都是

(　)没有需要改进的地方

您对产教融合有哪些建议或意见？(　)请在此填写您的建议或意见

请您在填写问卷时，如实回答，我们将会根据您的反馈，不断优化和改进我们的产教融合工作。非常感谢您的参与和支持！